TANZANIA

PHOTOGRAPHS BY ELIZABETH KRAMER

THIS IS PART OF THE VISITING SERIES.

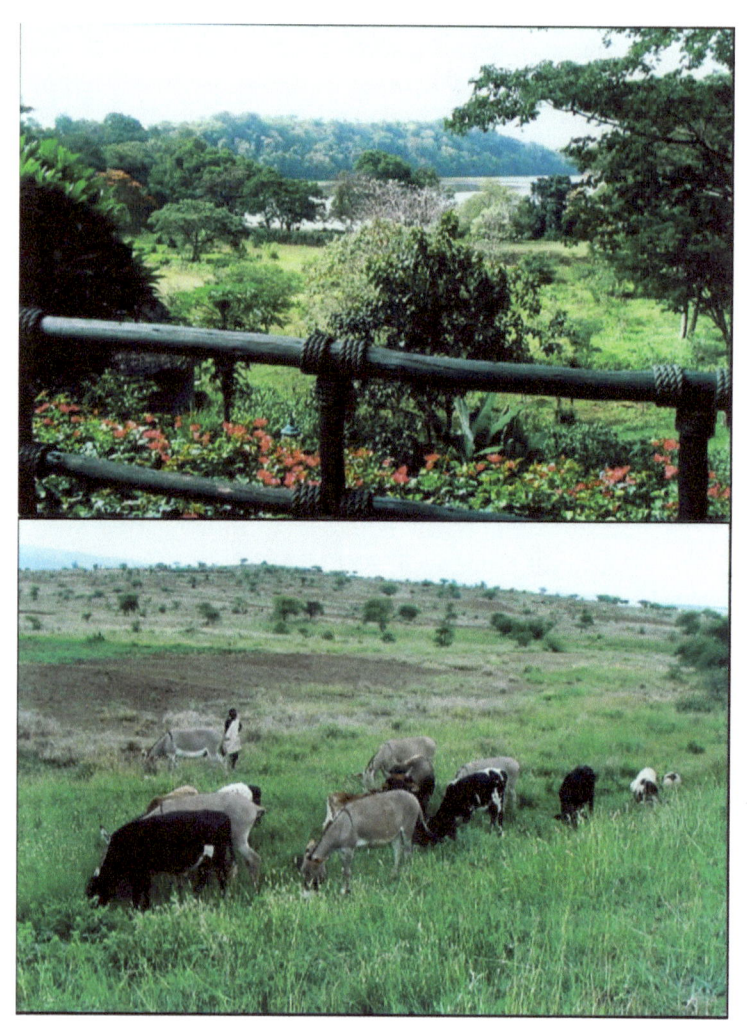

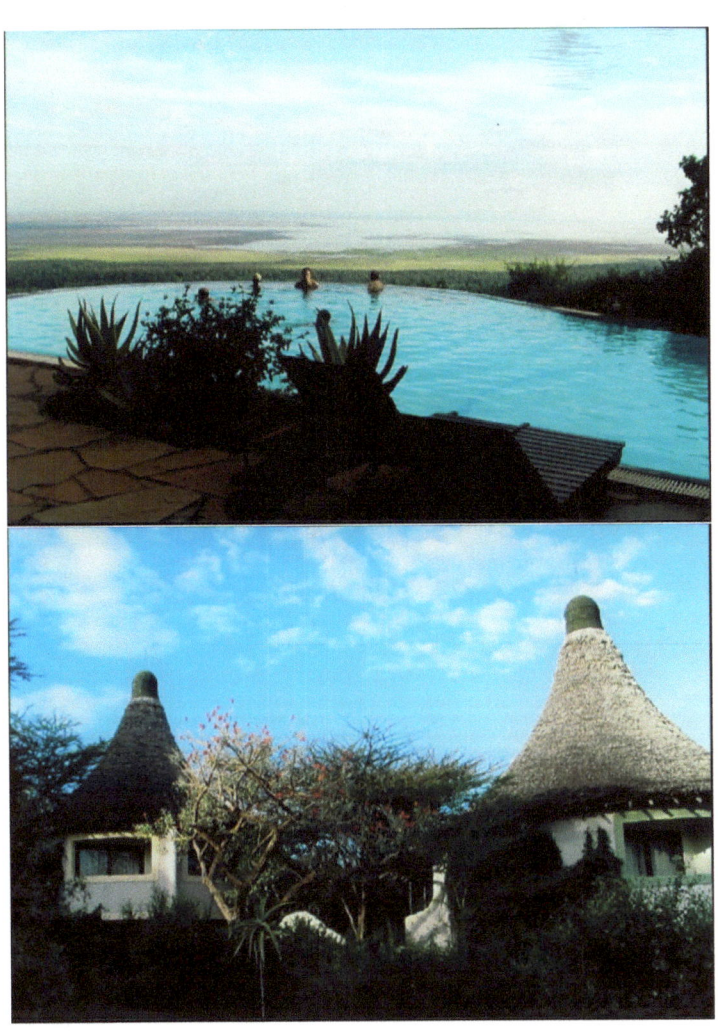

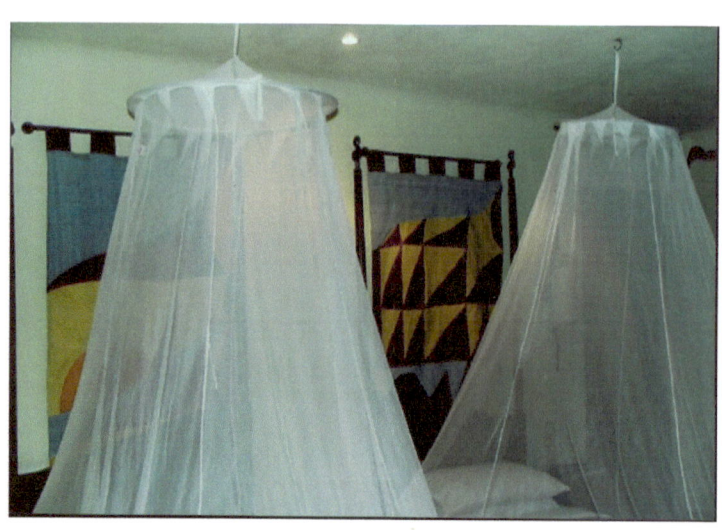

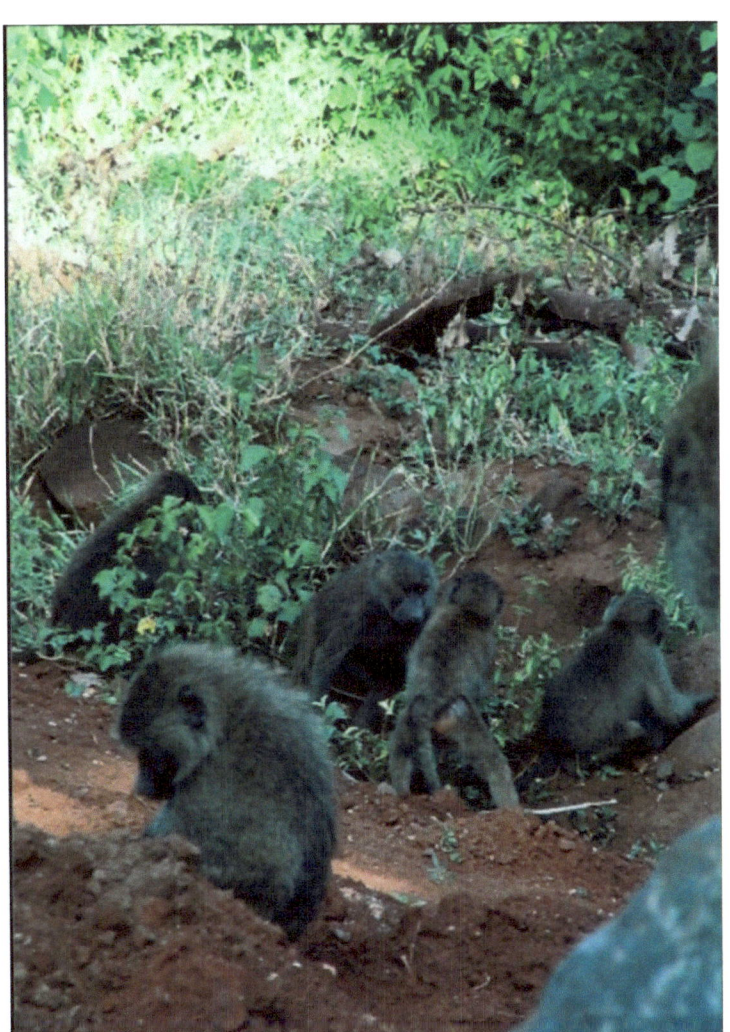

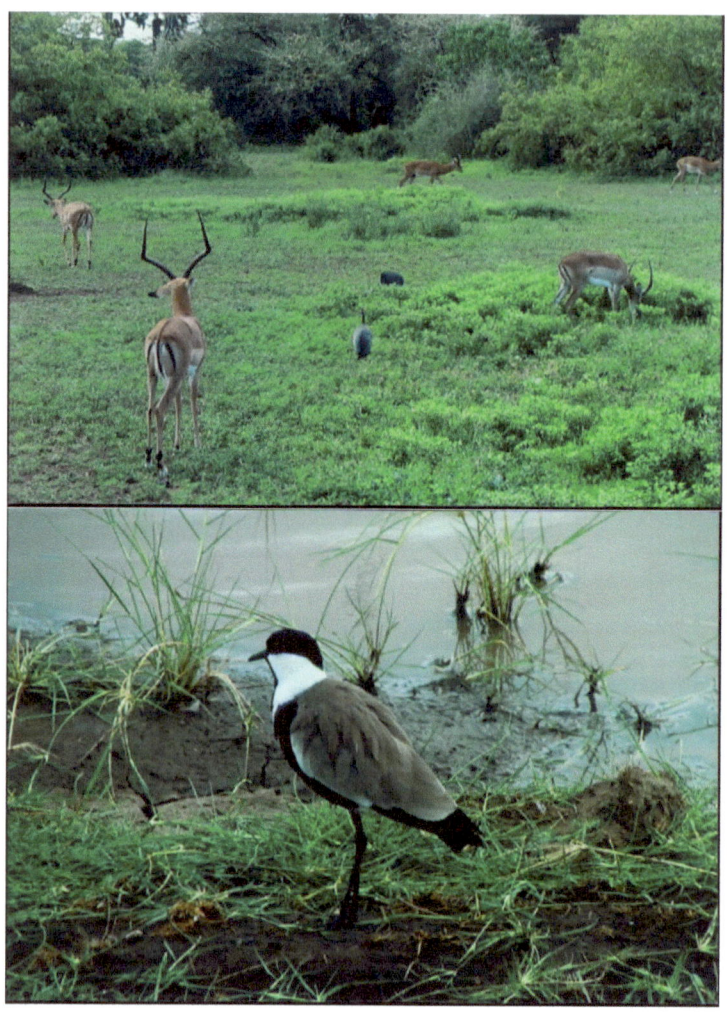

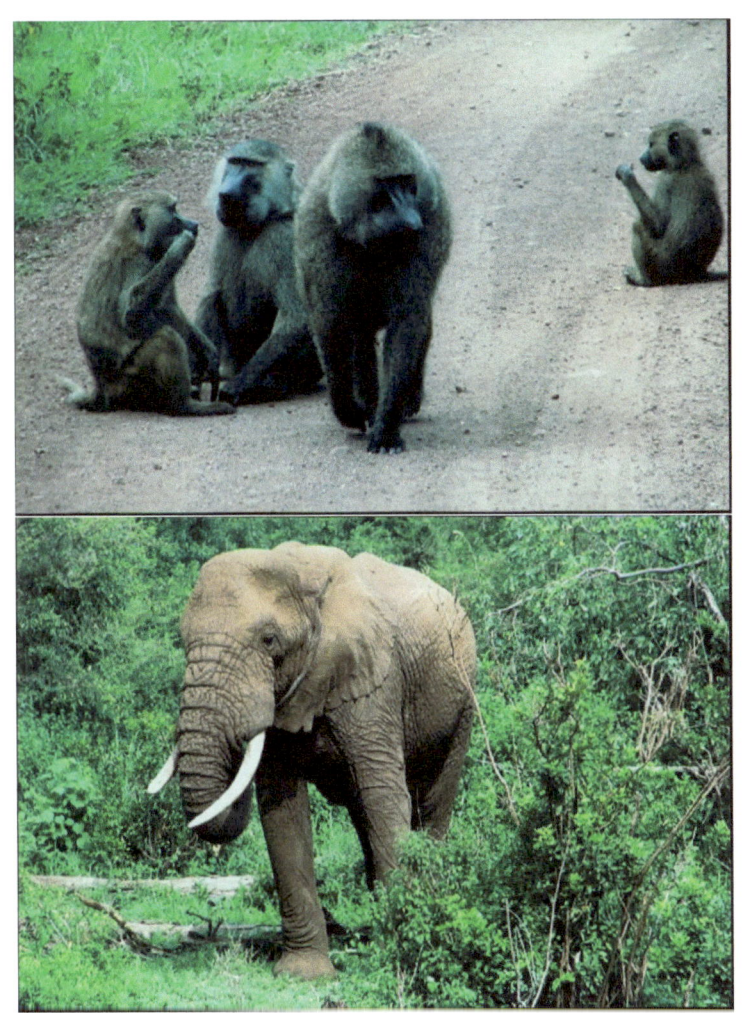

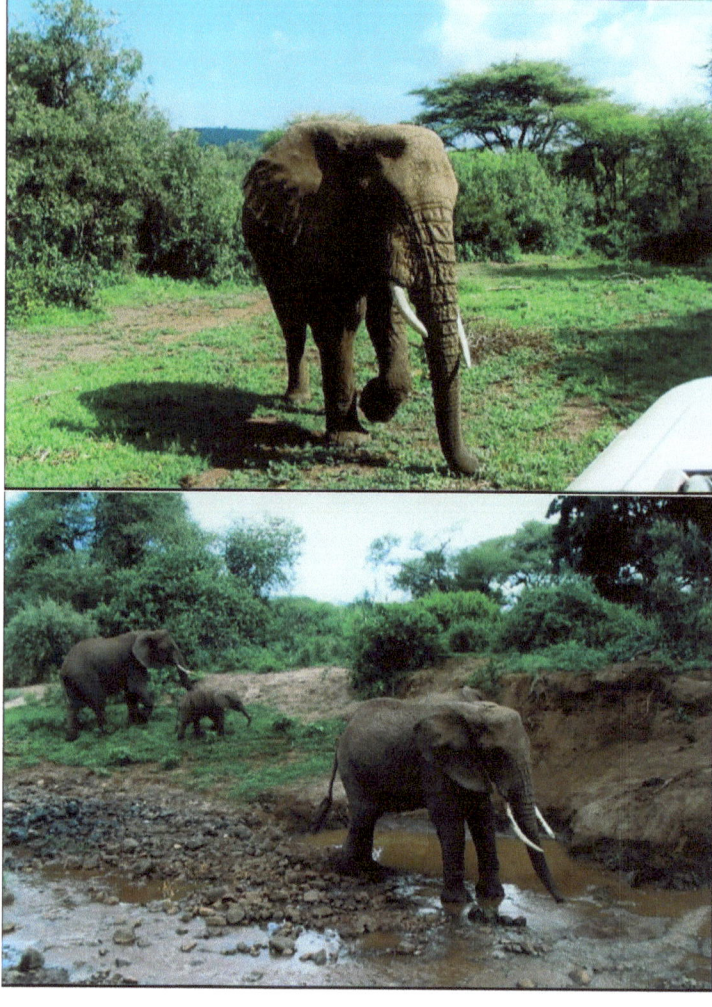

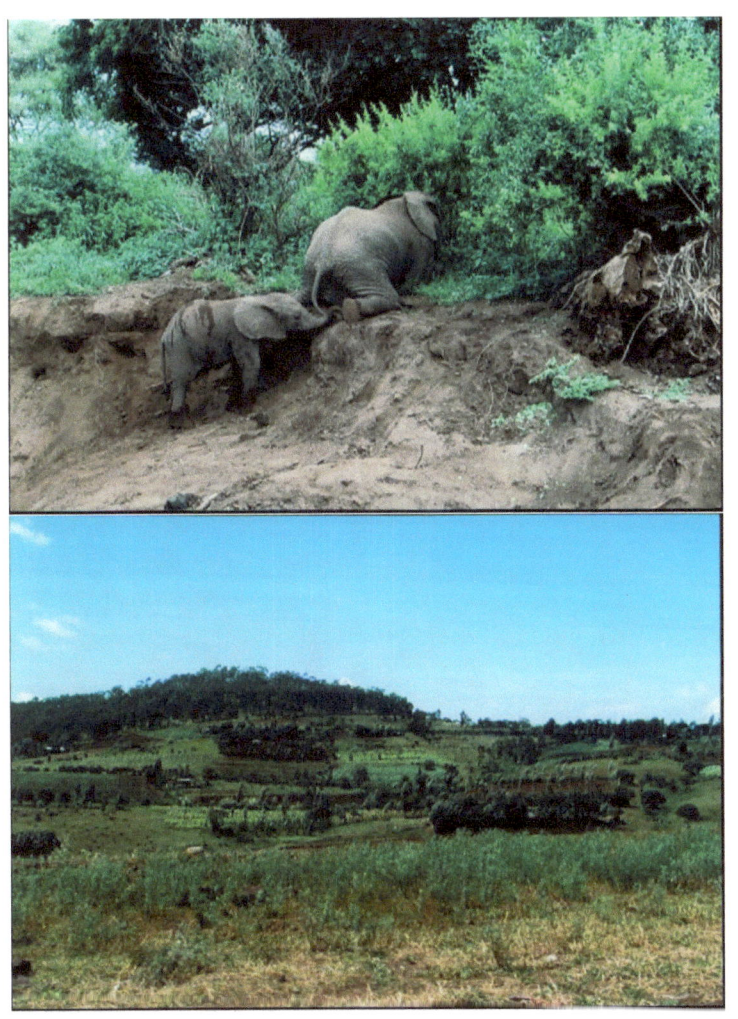

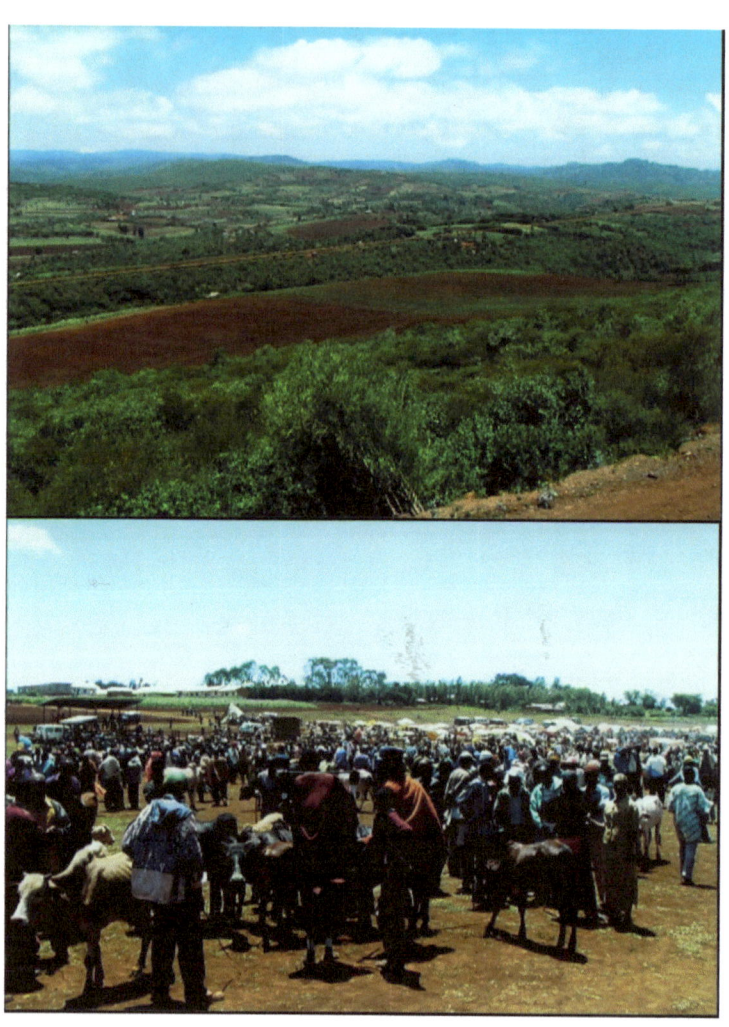

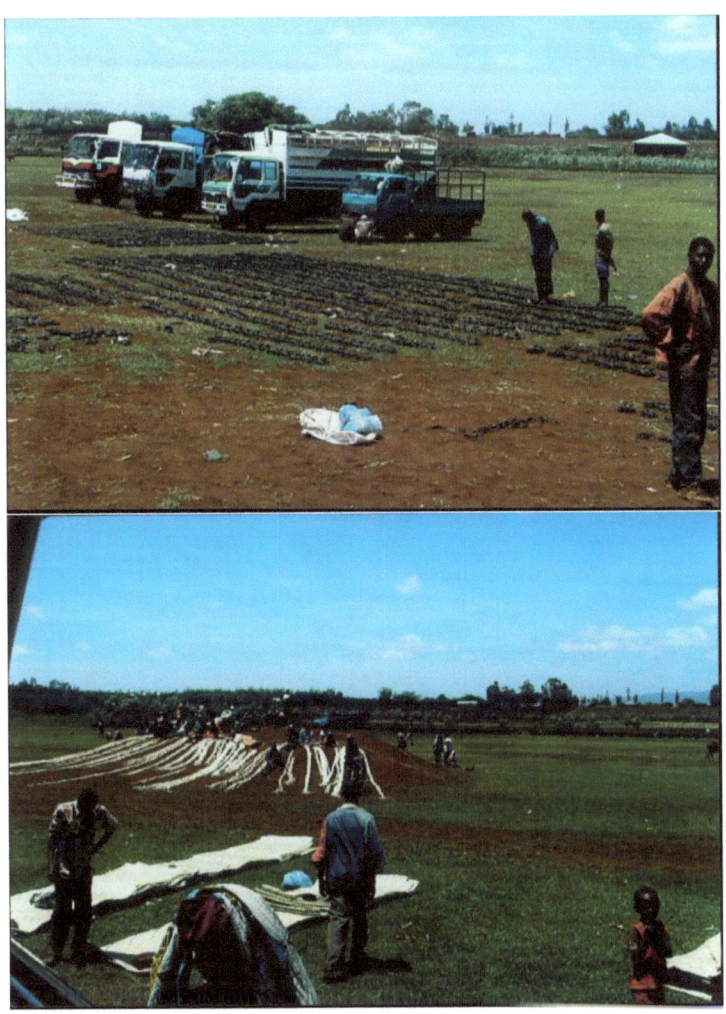

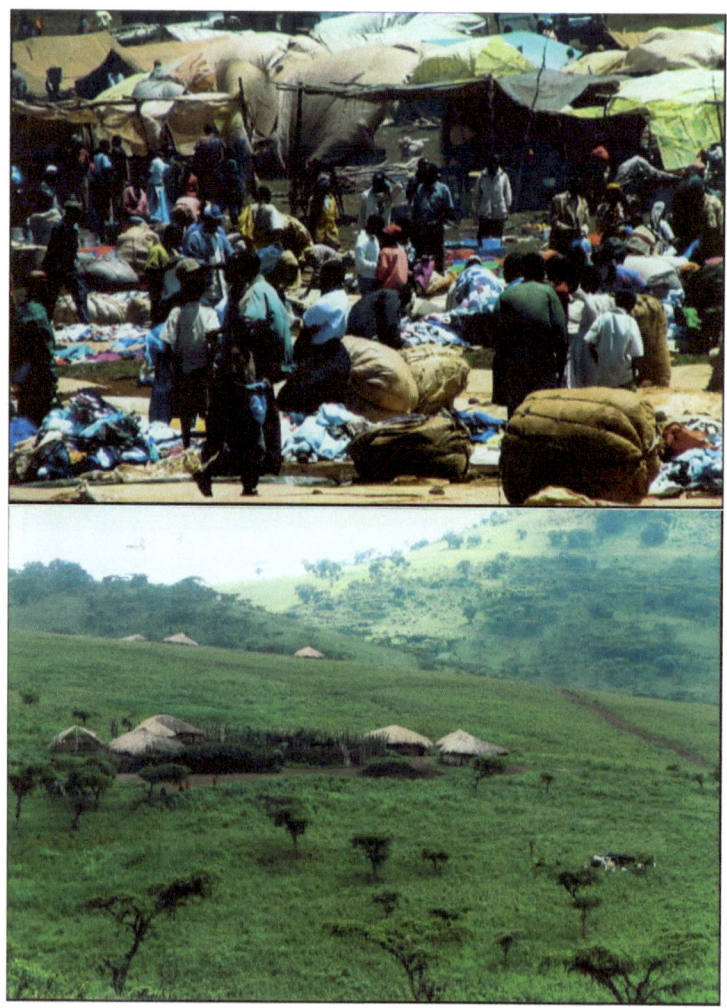

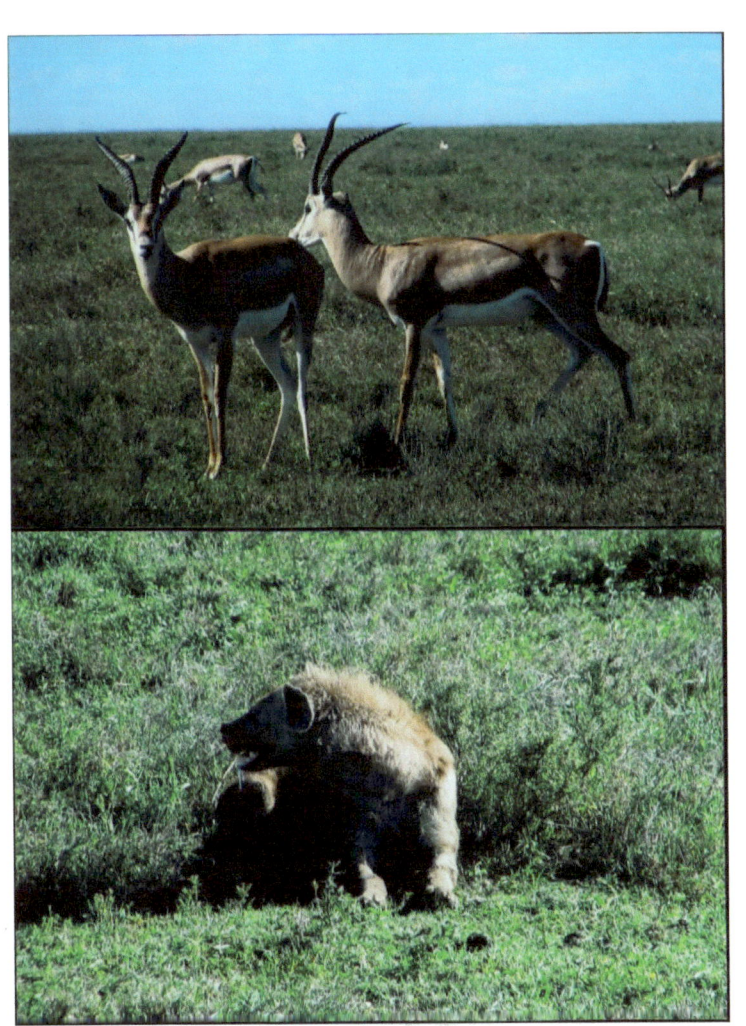

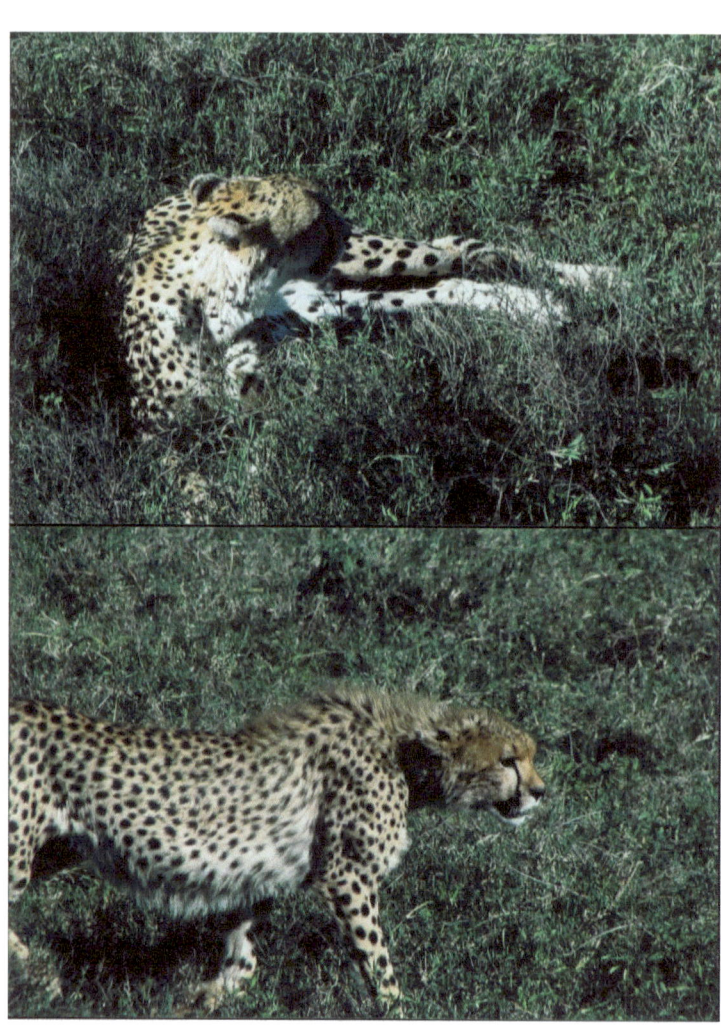

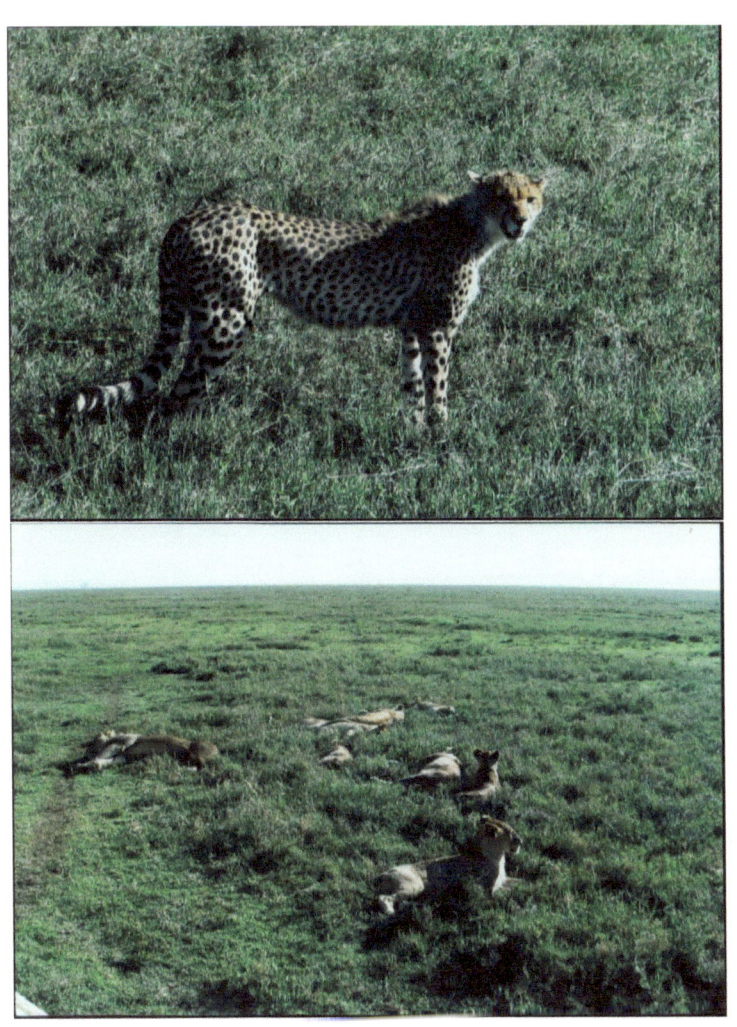

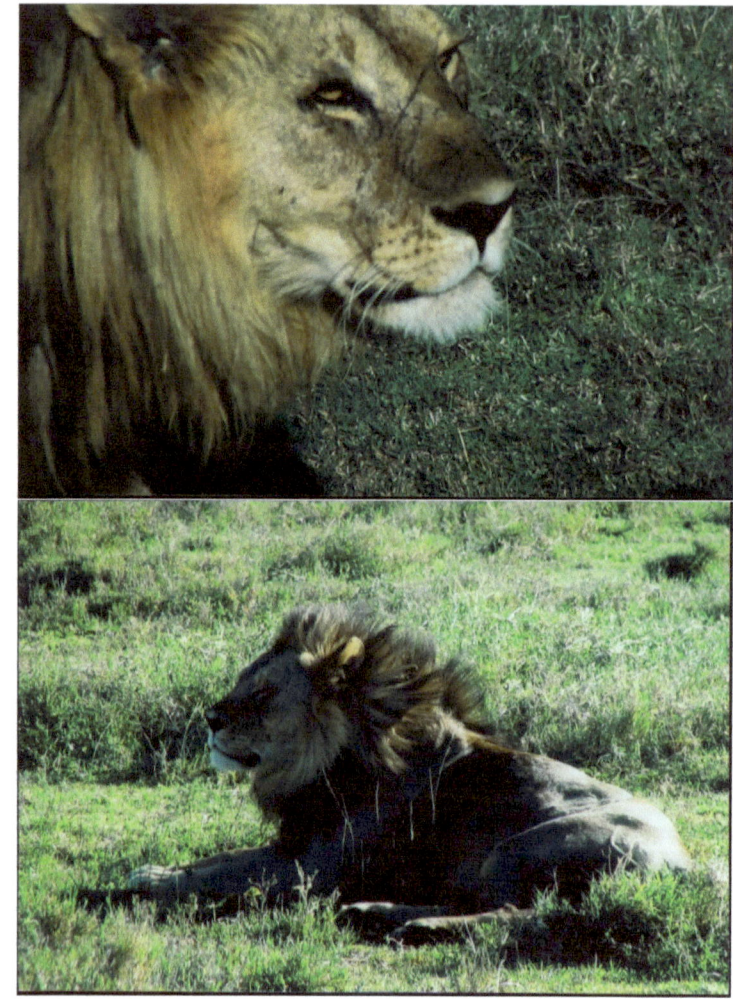

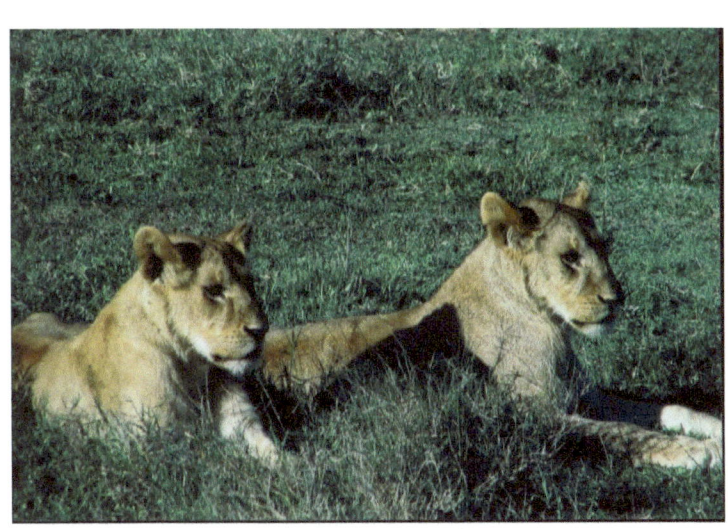

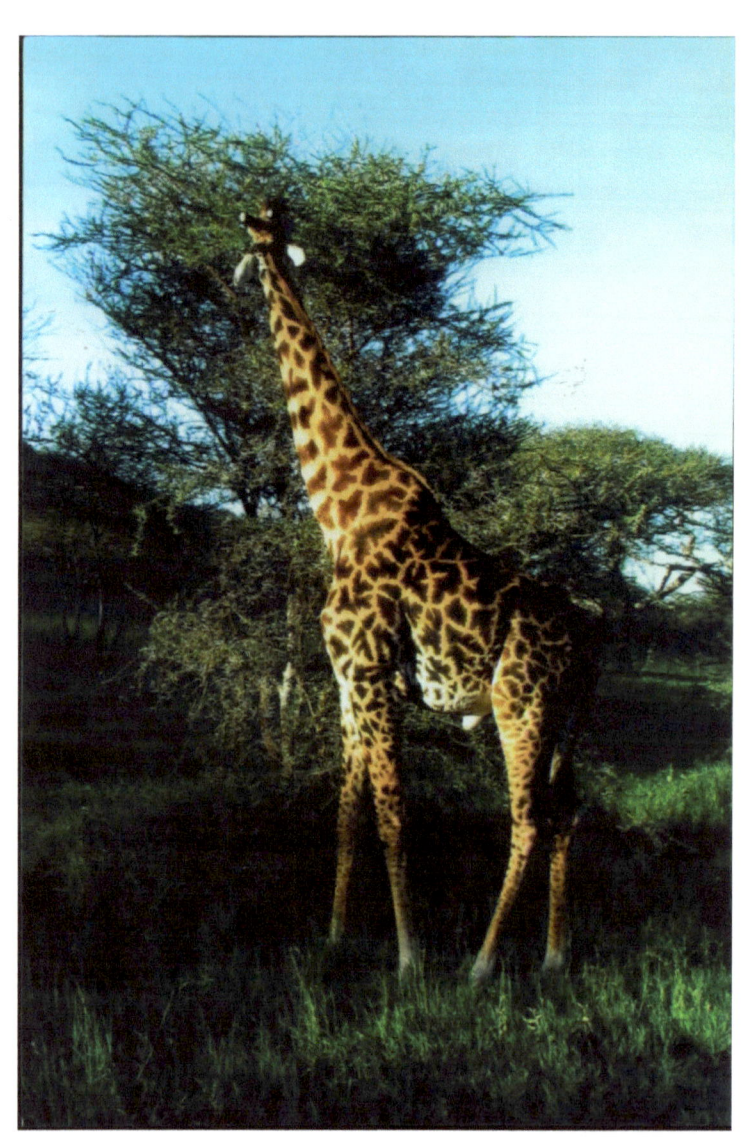

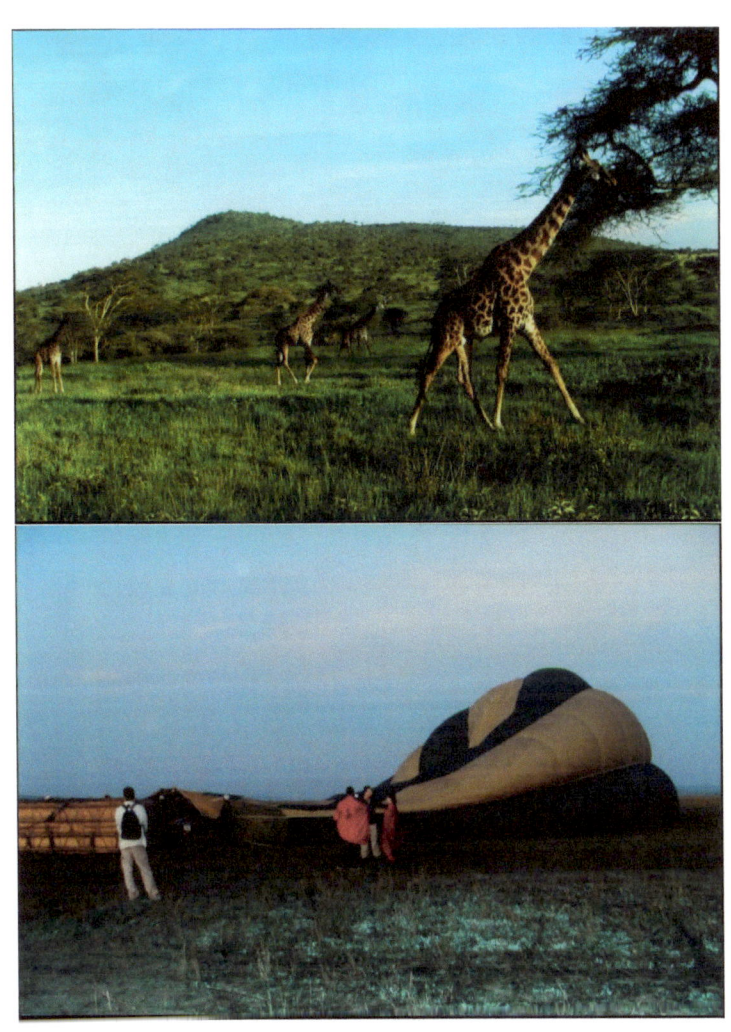

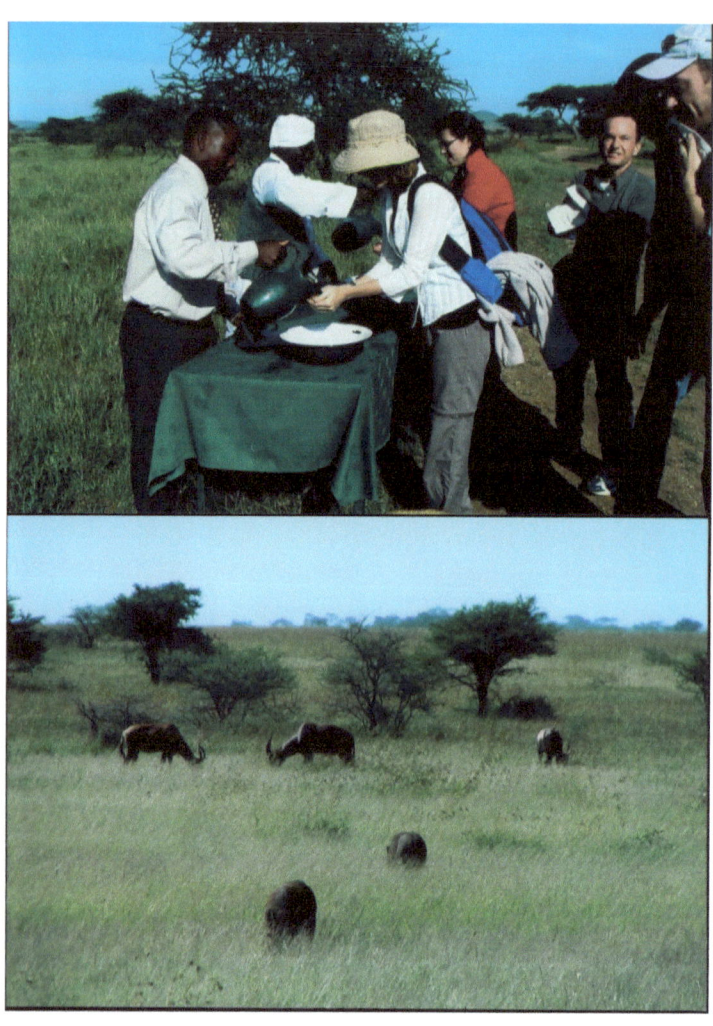

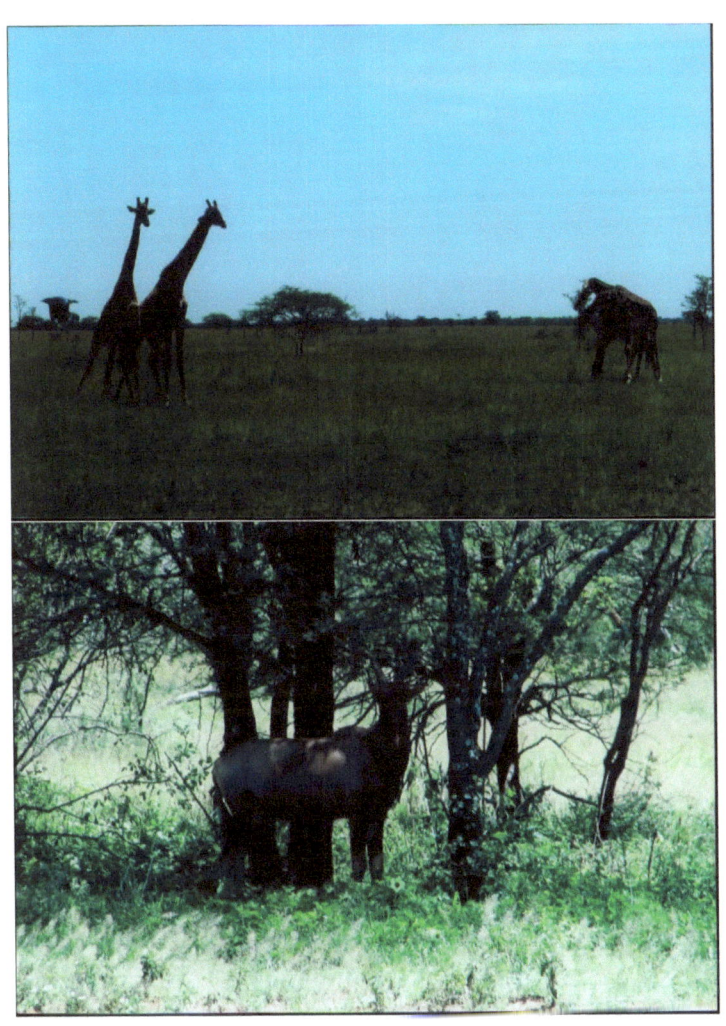

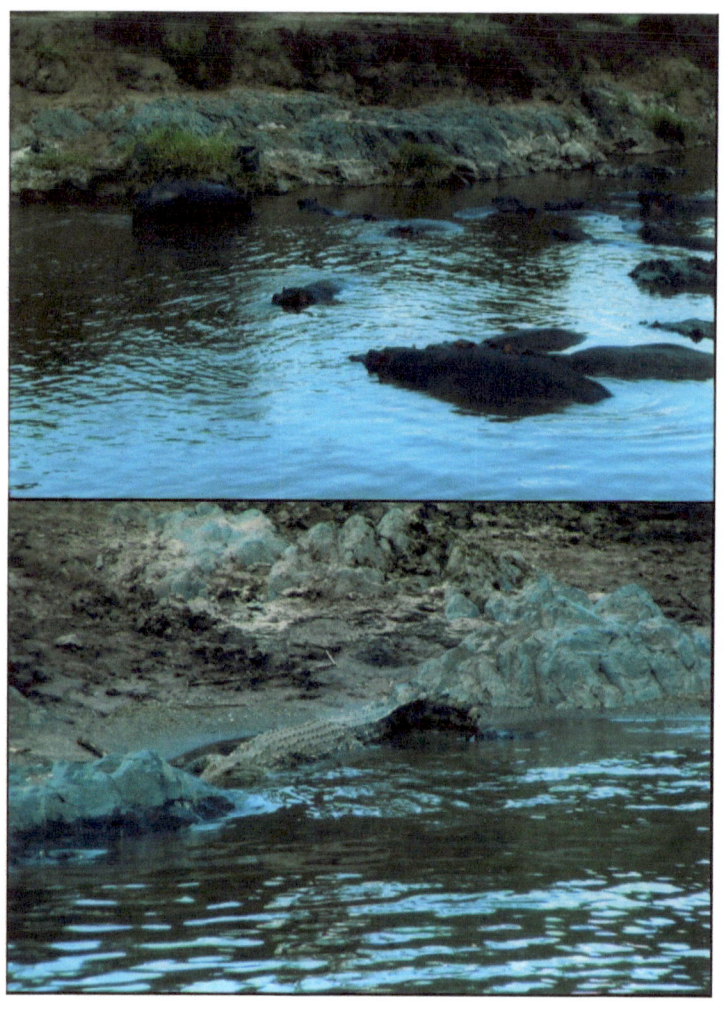

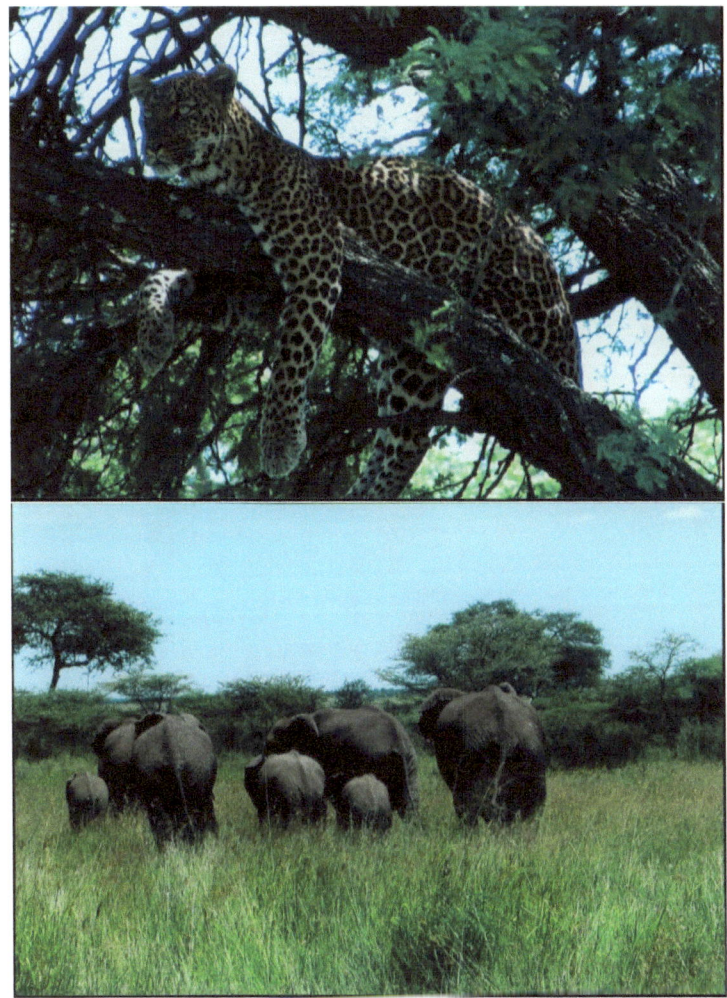

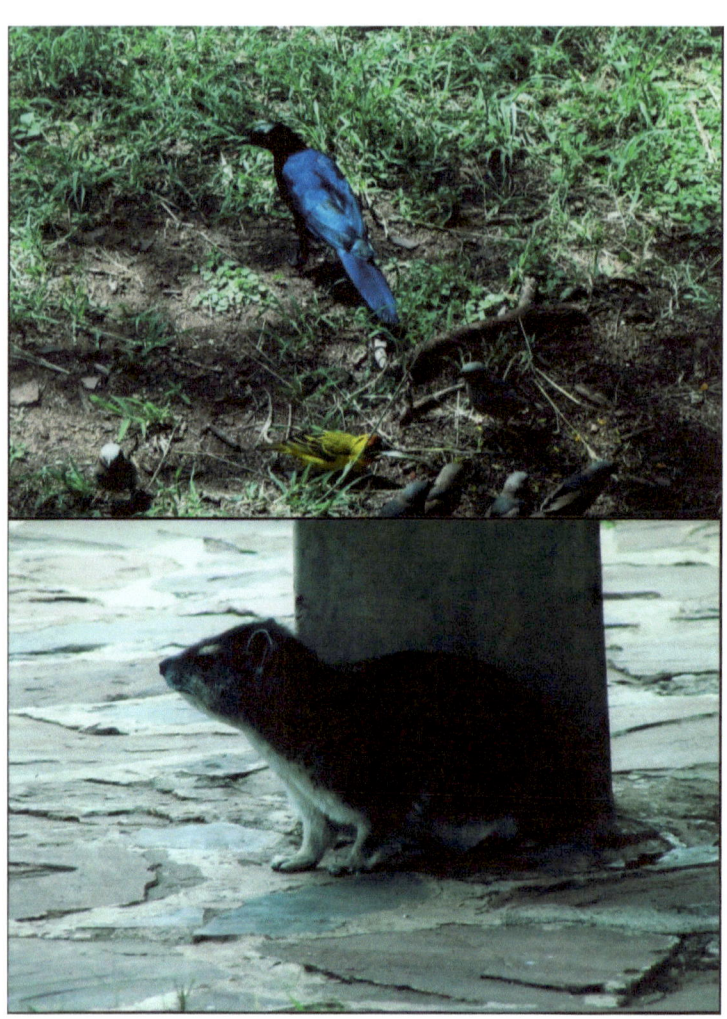

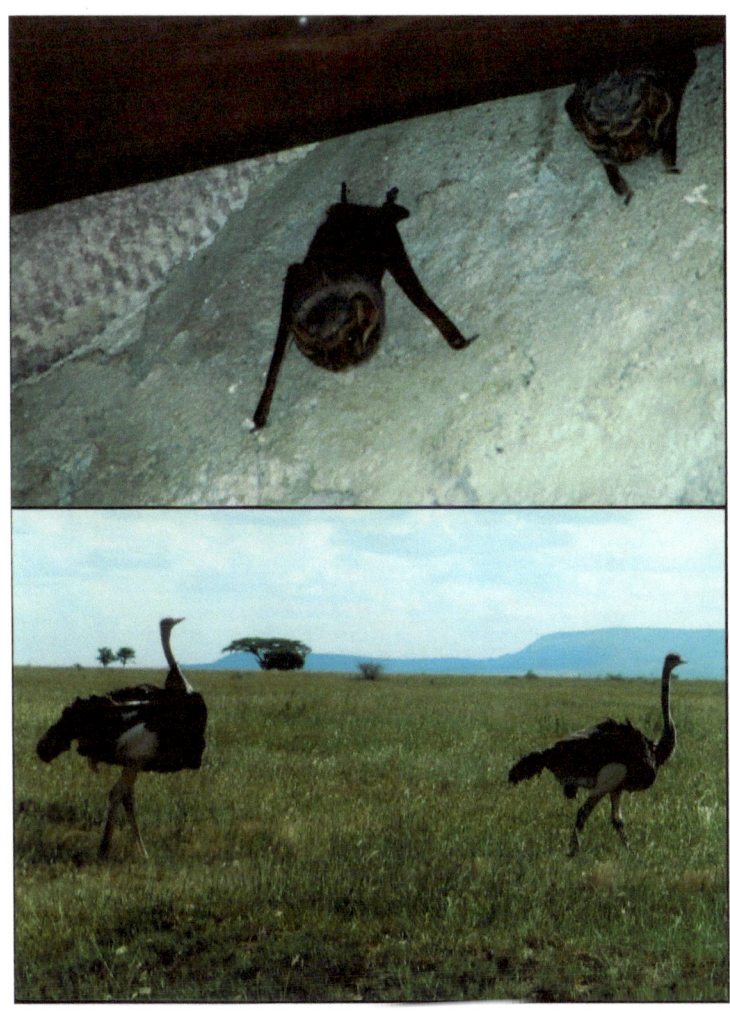

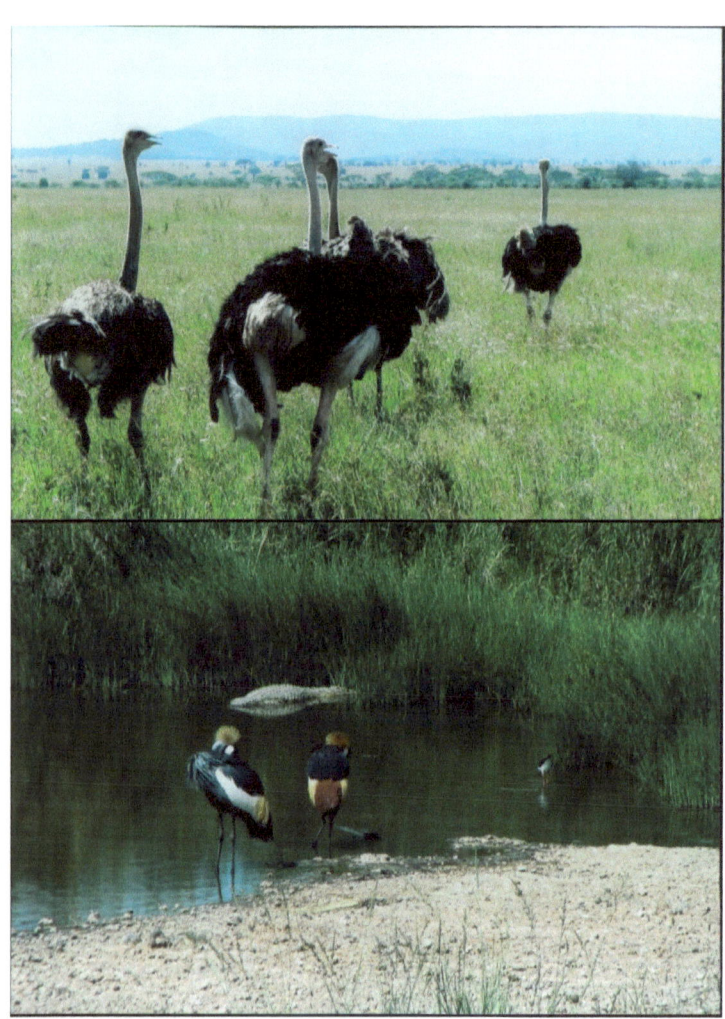

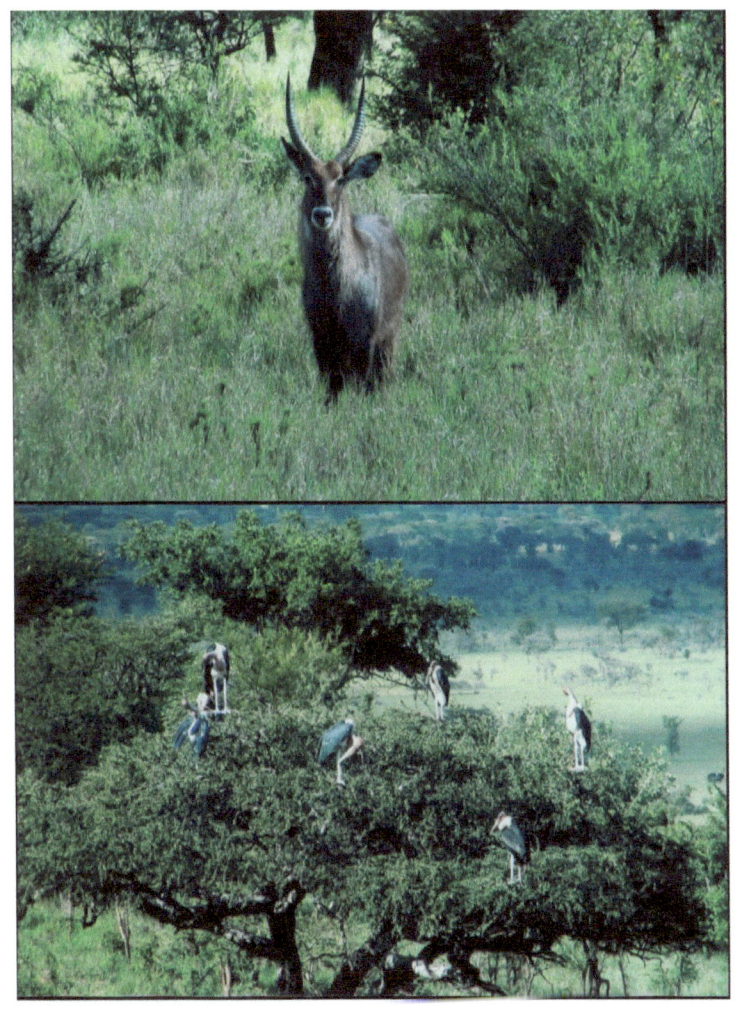

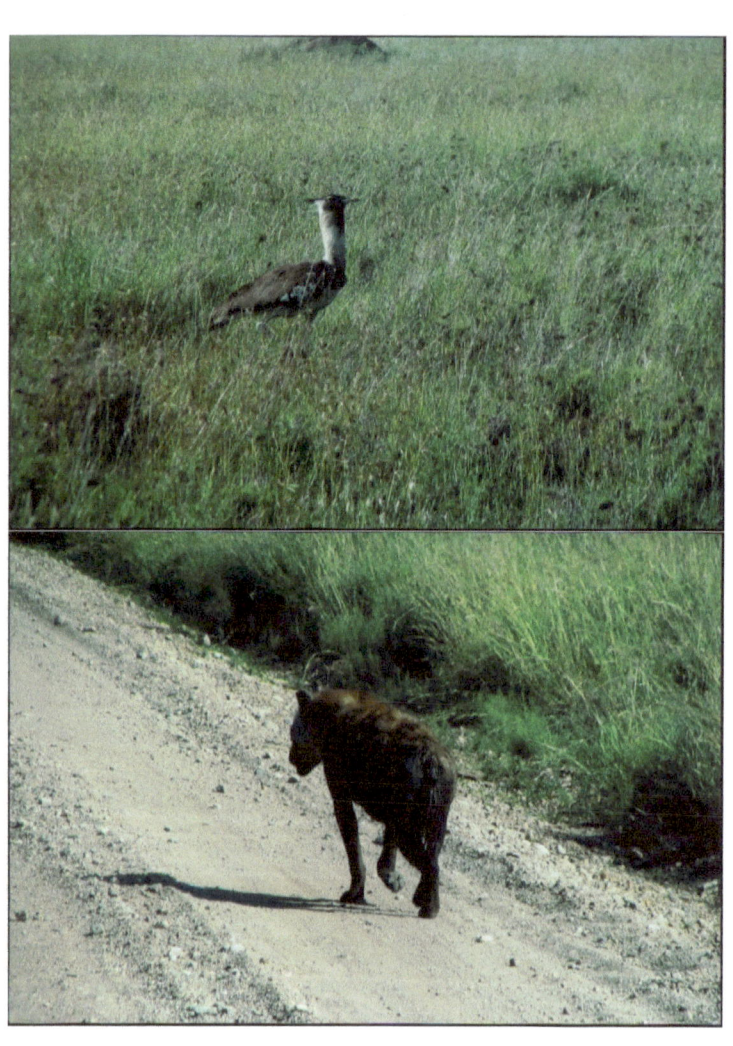

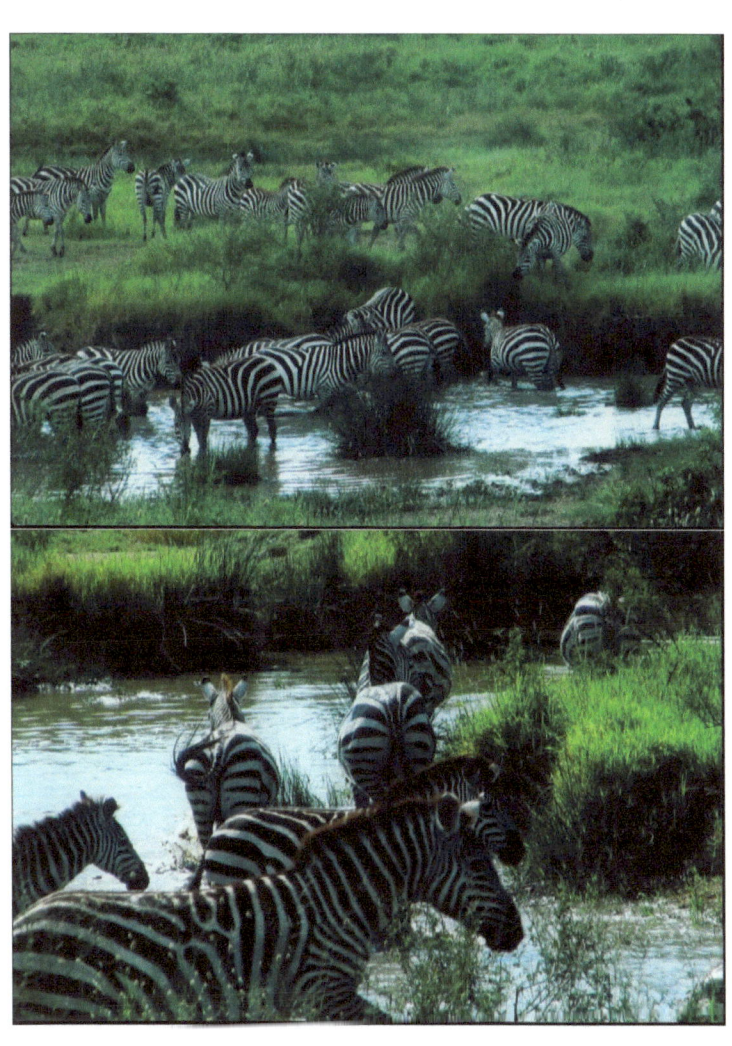

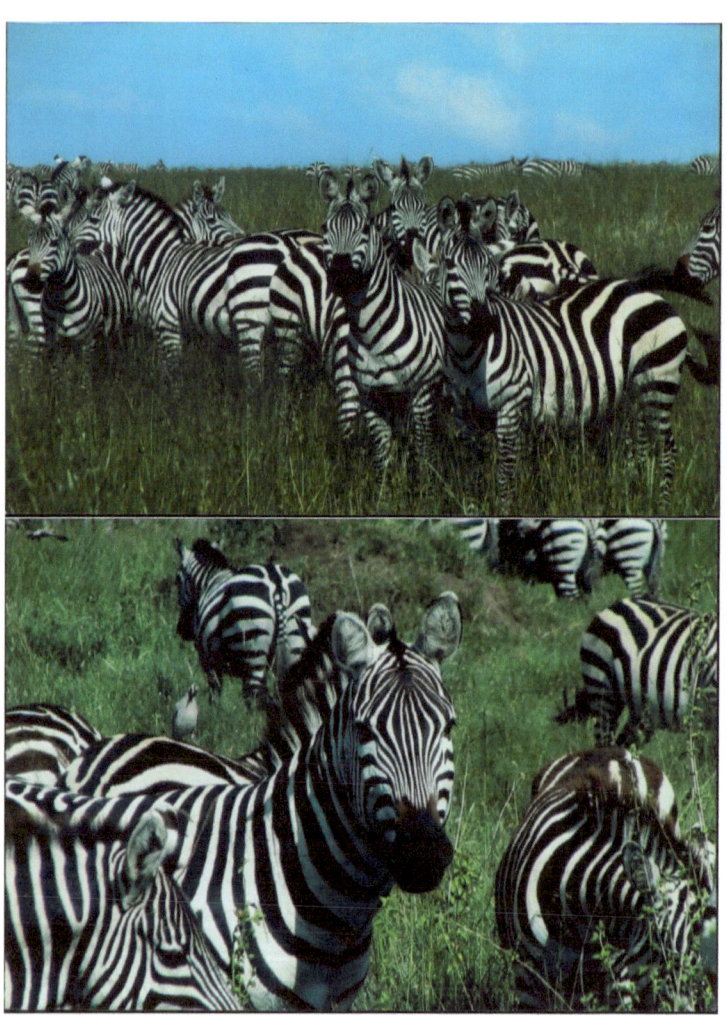

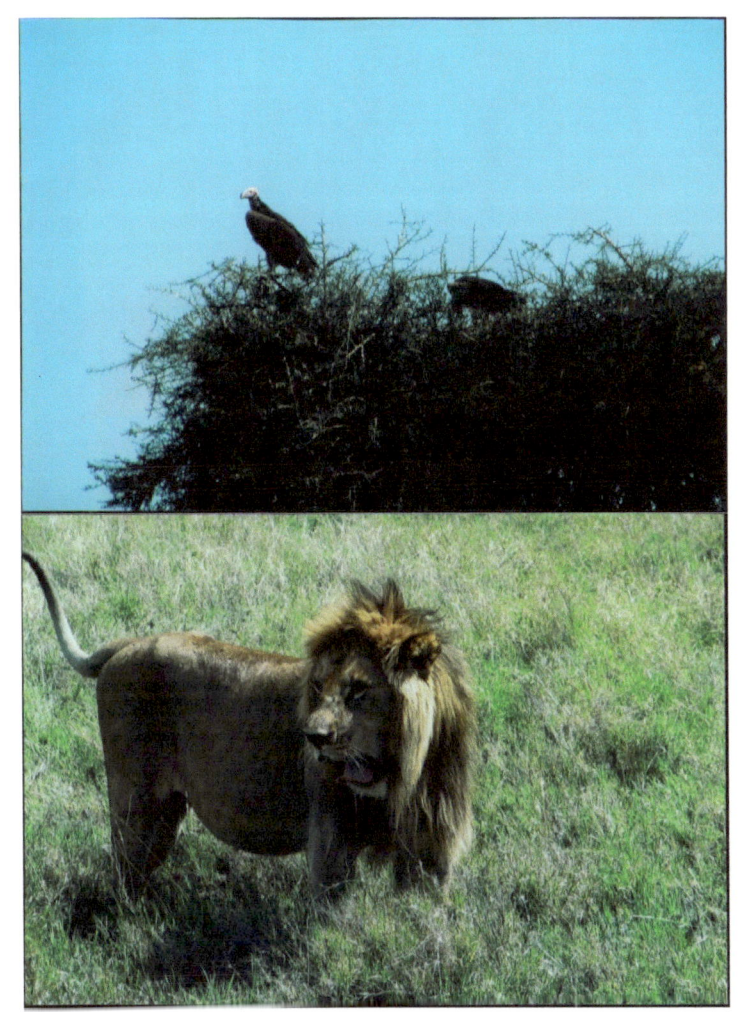

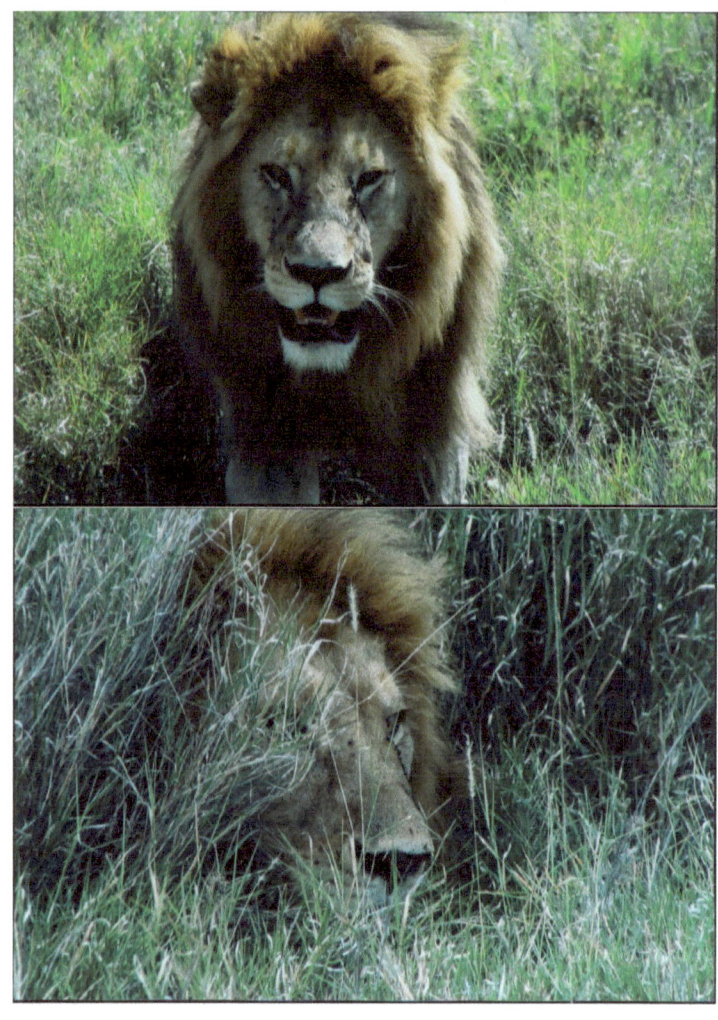

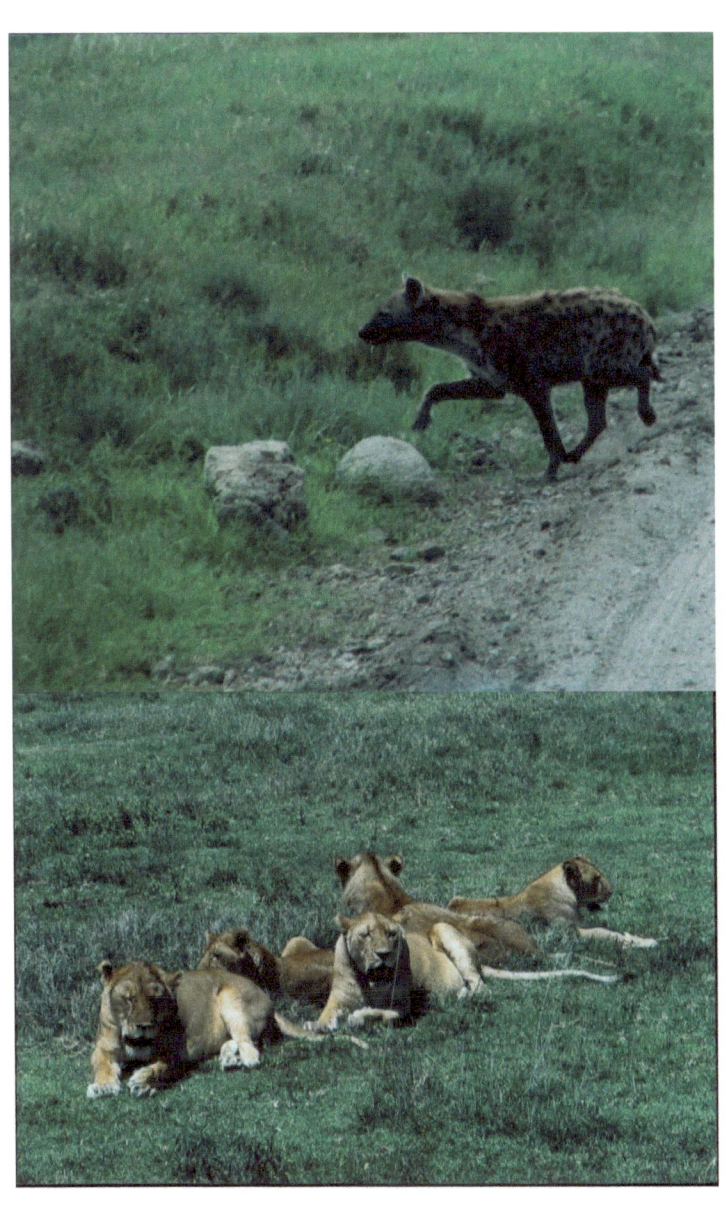

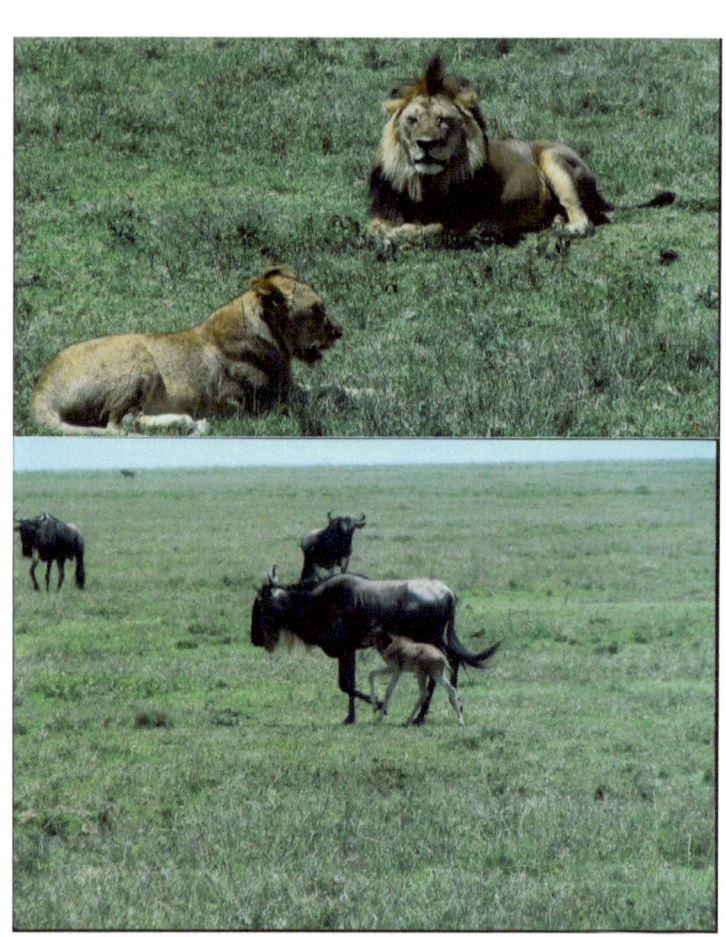

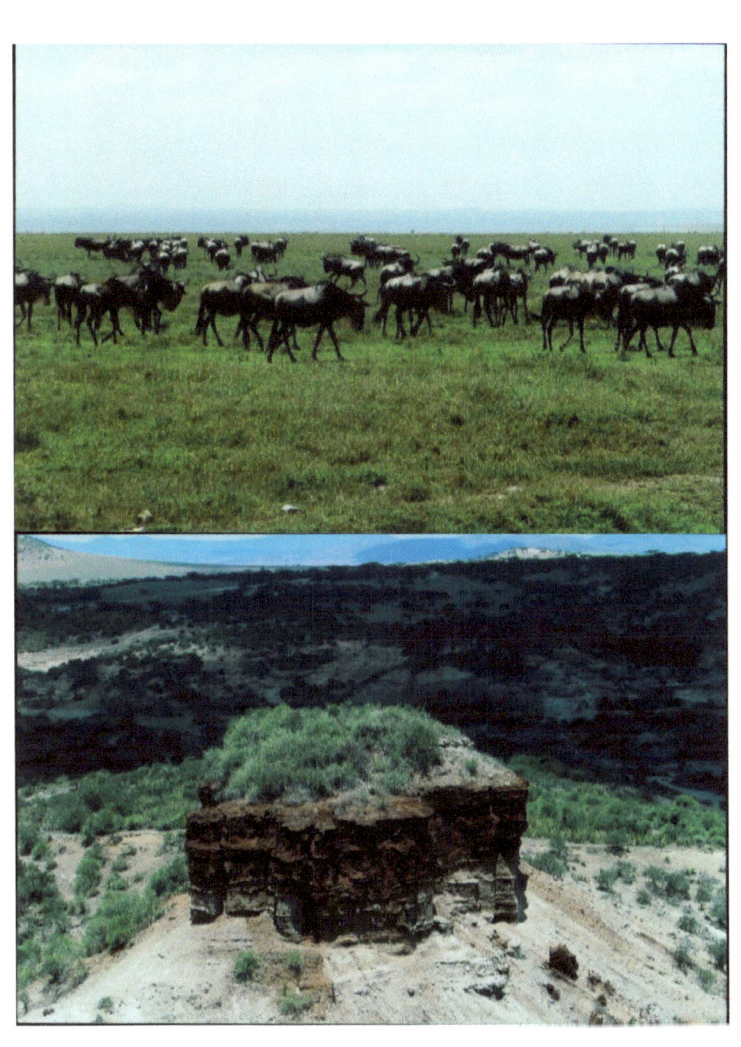

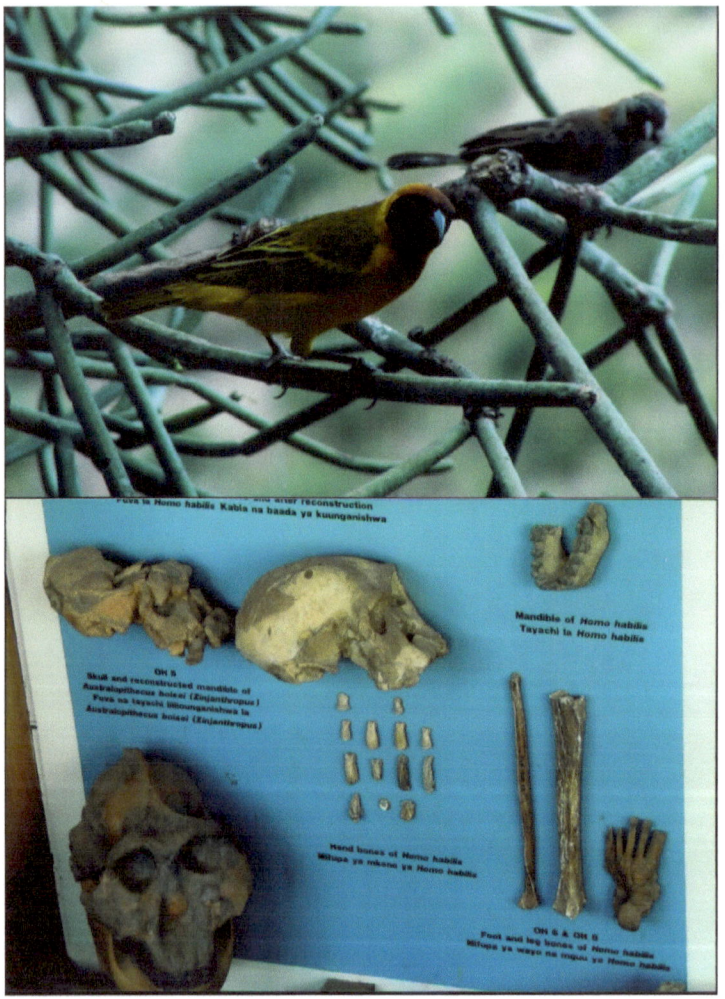

and after reconstruction
Fuvu la Homo habilis Kabla na baada ya kuunganishwa

Mandible of *Homo habilis*
Tayachi la *Homo habilis*

OH 5
Skull and reconstructed mandible of
Australopithecus boisei (*Zinjanthropus*)
Fuvu na tayachi lililounganishwa la
Australopithecus boisei (*Zinjanthropus*)

Hand bones of *Homo habilis*
Mifupa ya mkono ya *Homo habilis*

OH 8 & OH 8
Foot and leg bones of *Homo habilis*
Mifupa ya wayo na mguu ya *Homo habilis*

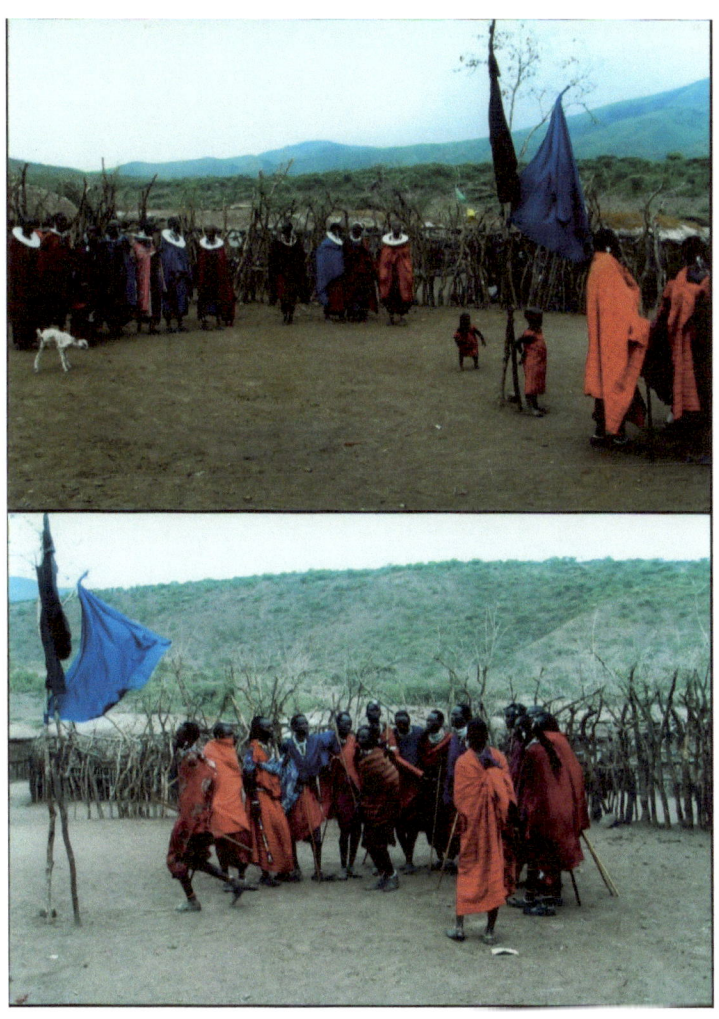

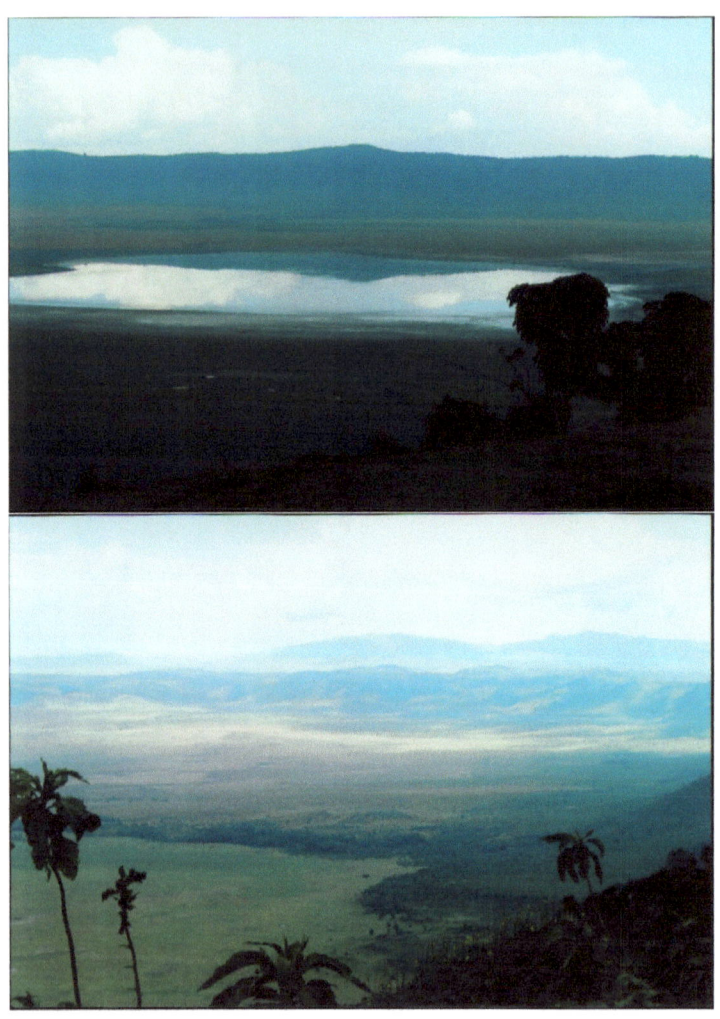

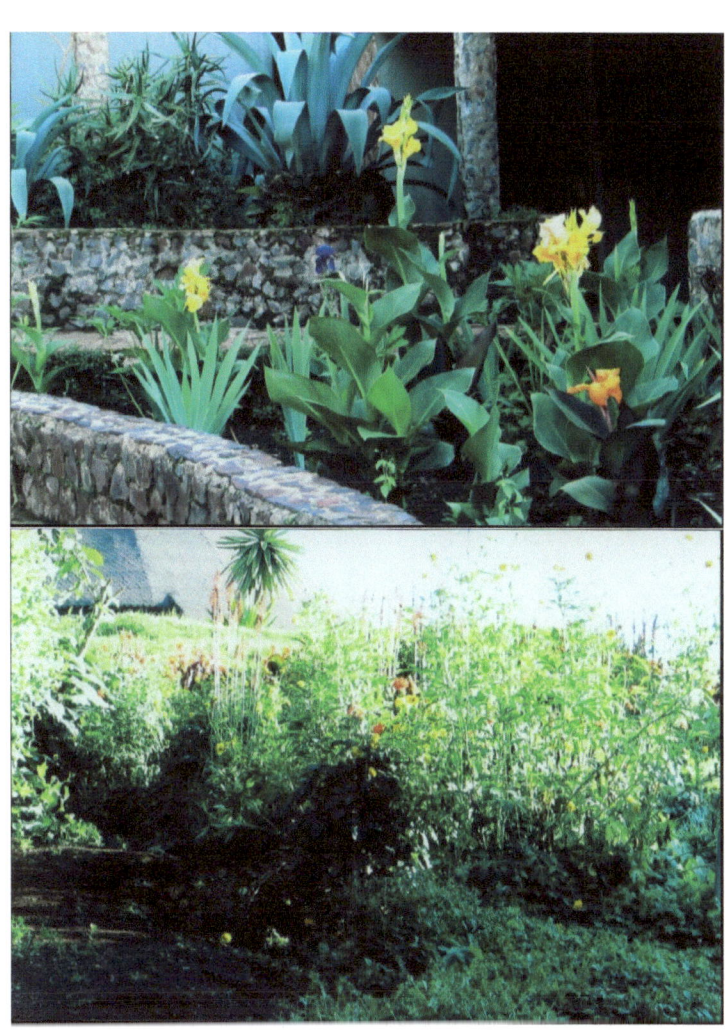

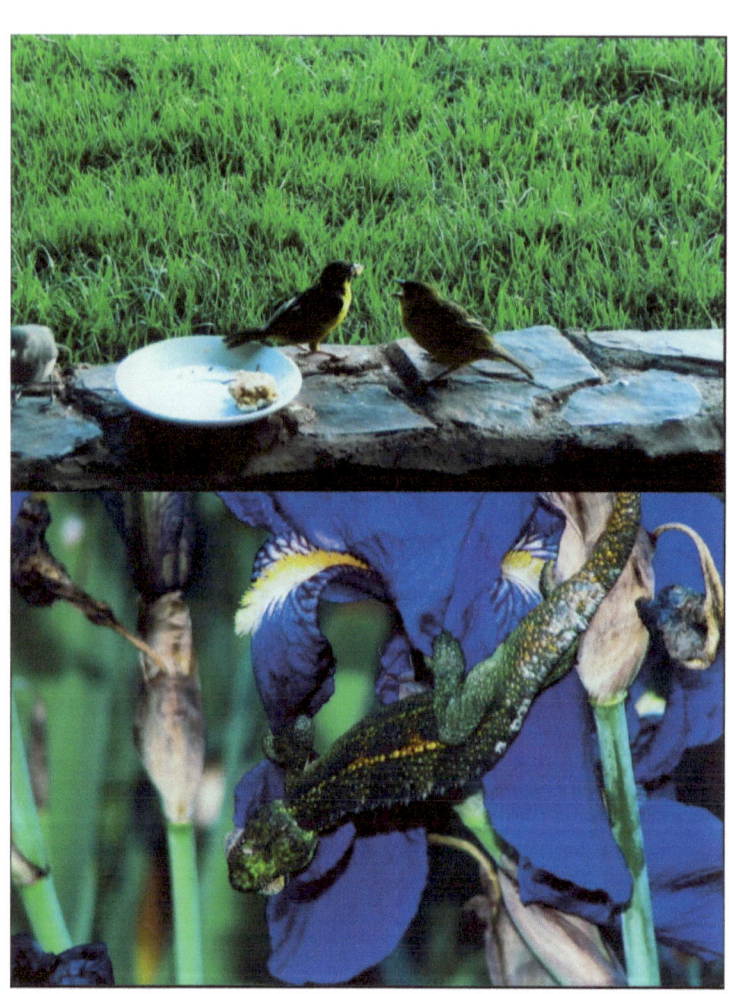

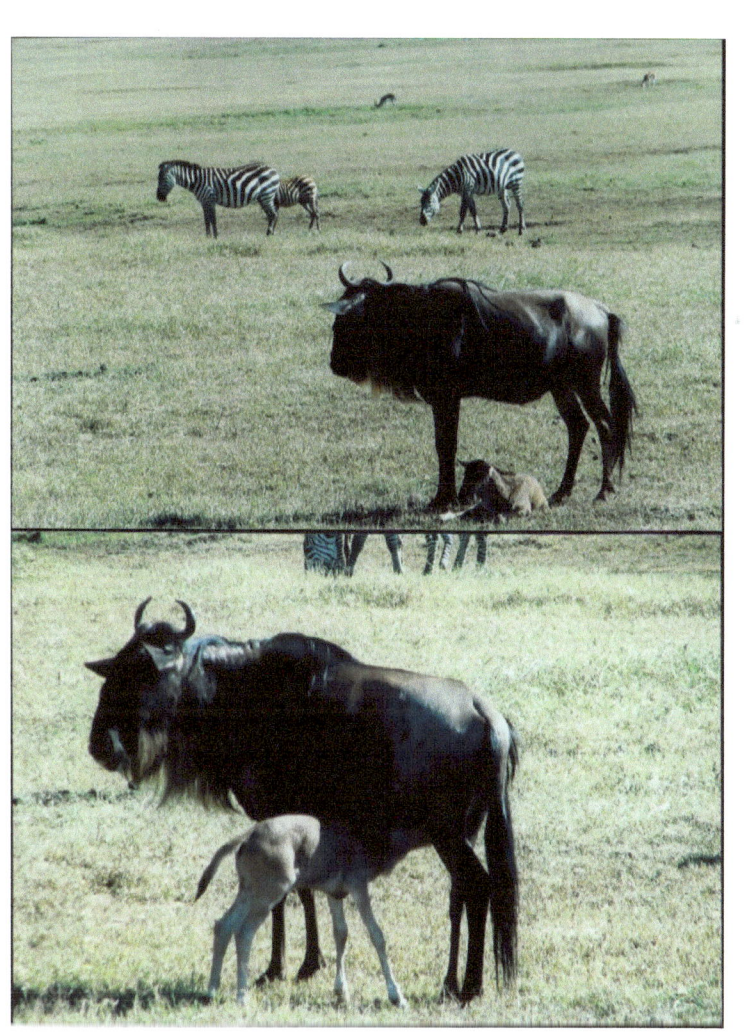

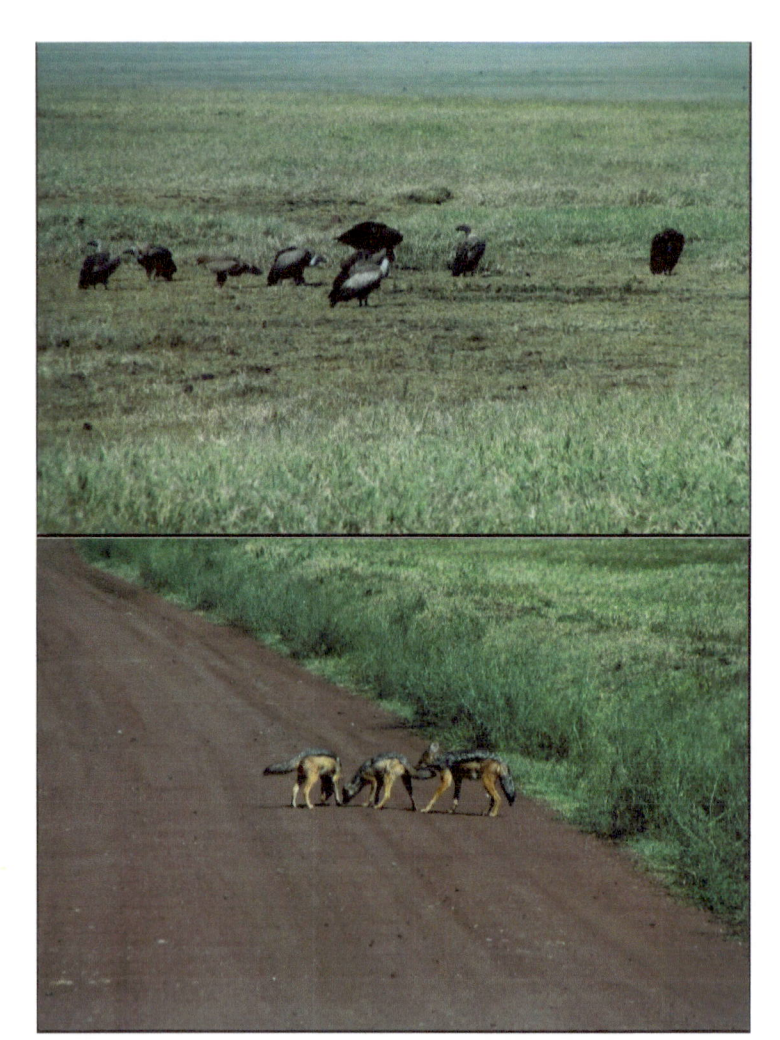

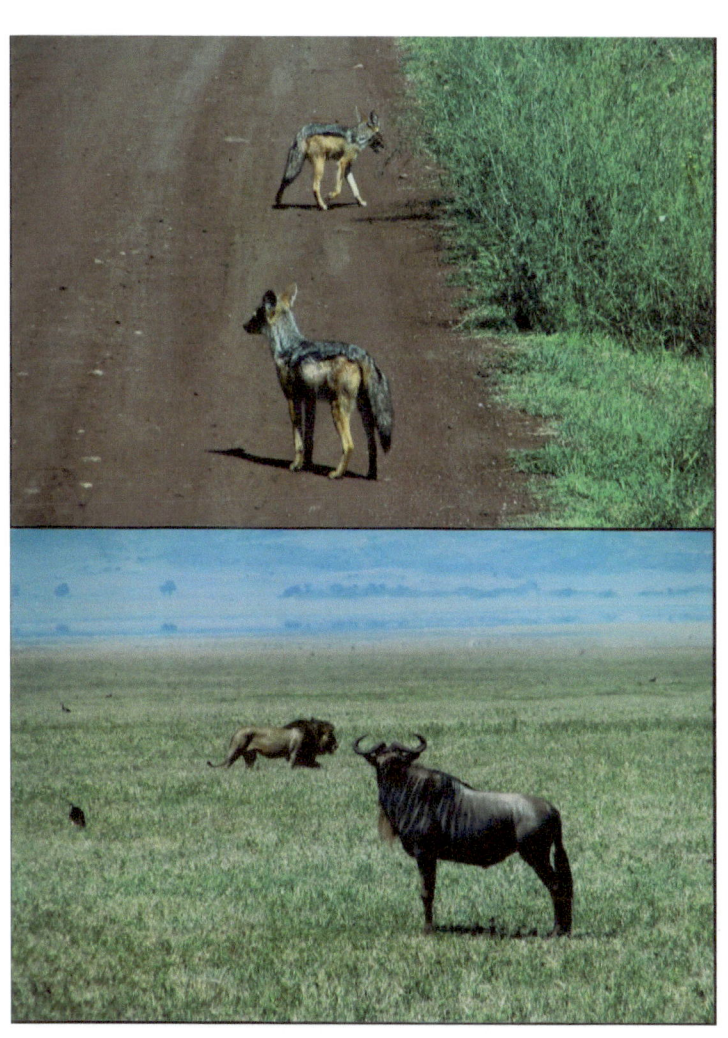

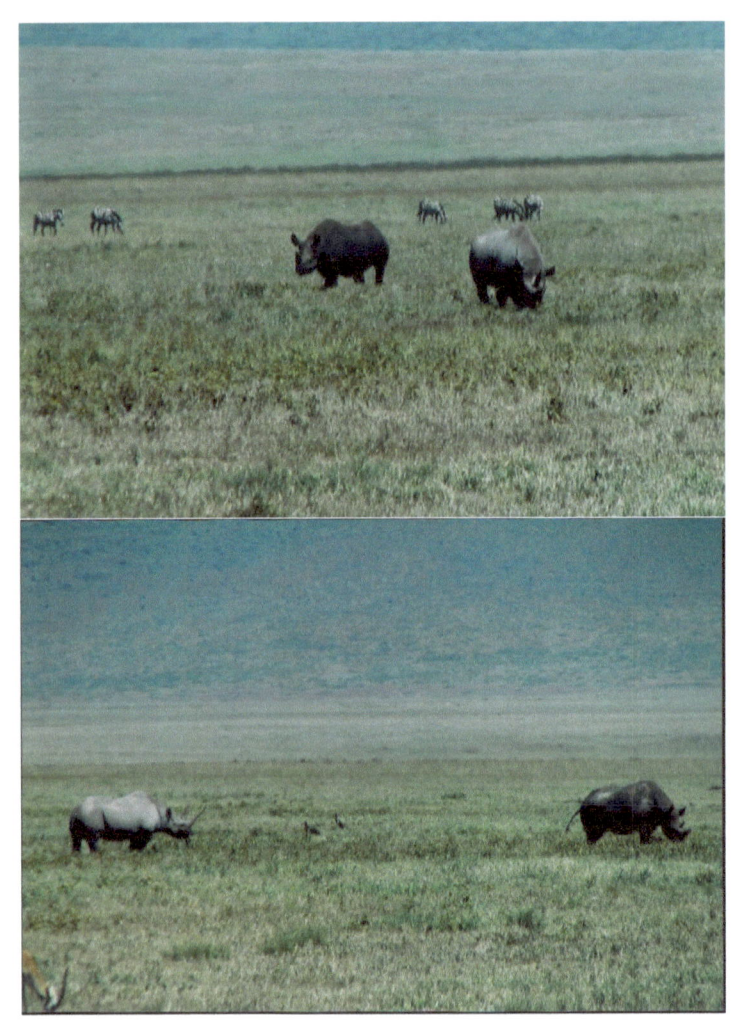

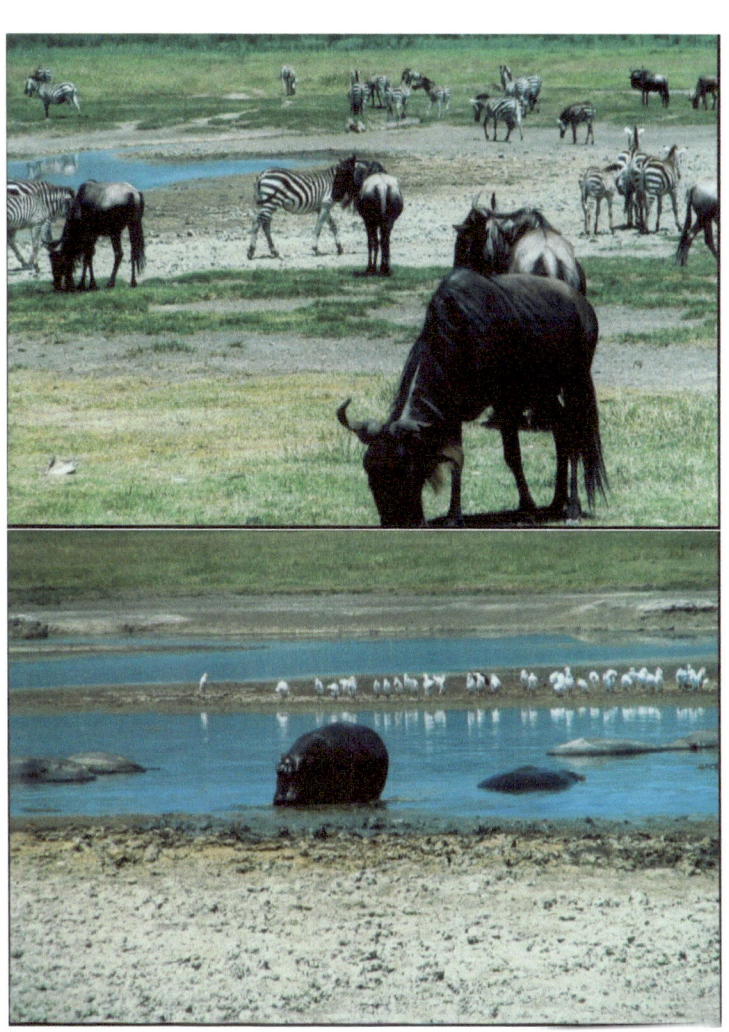

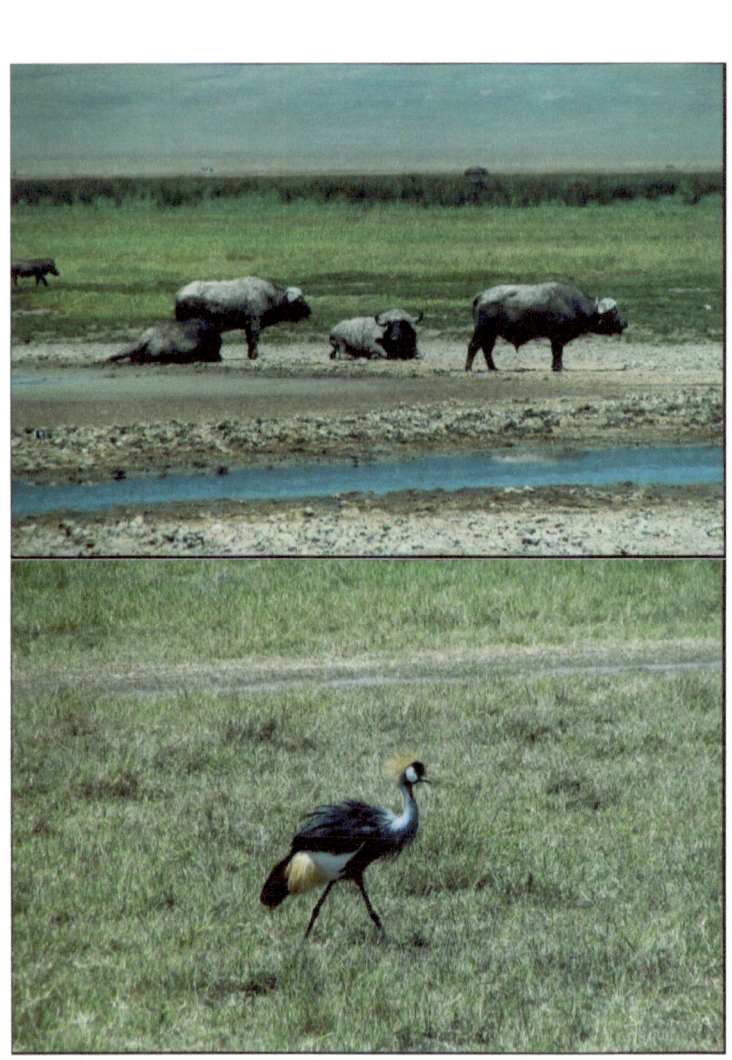

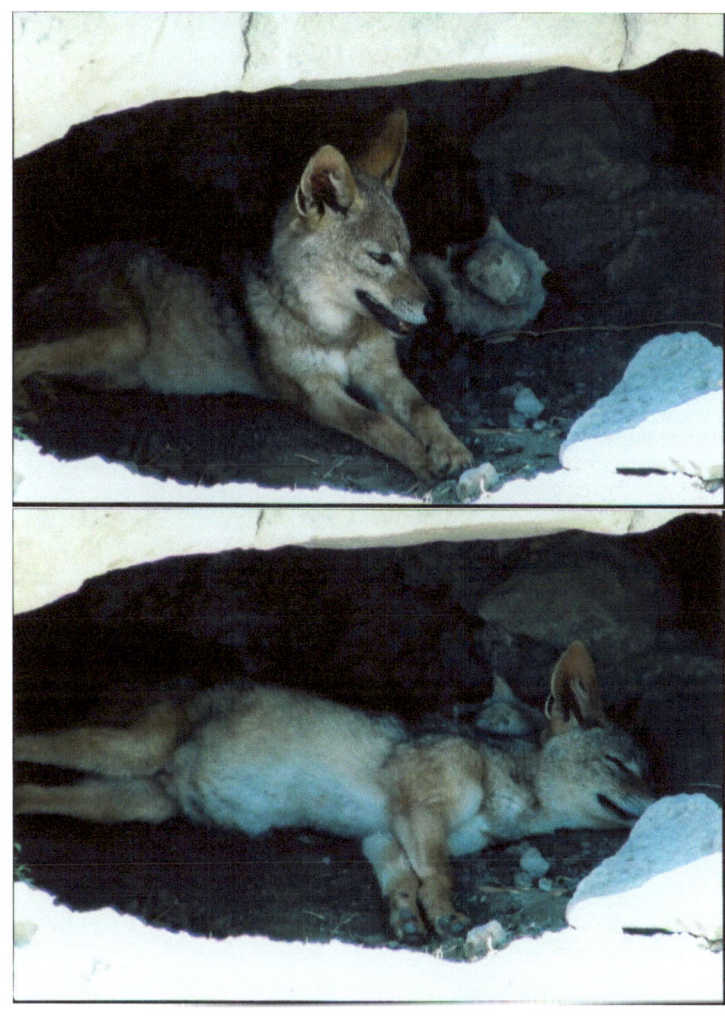

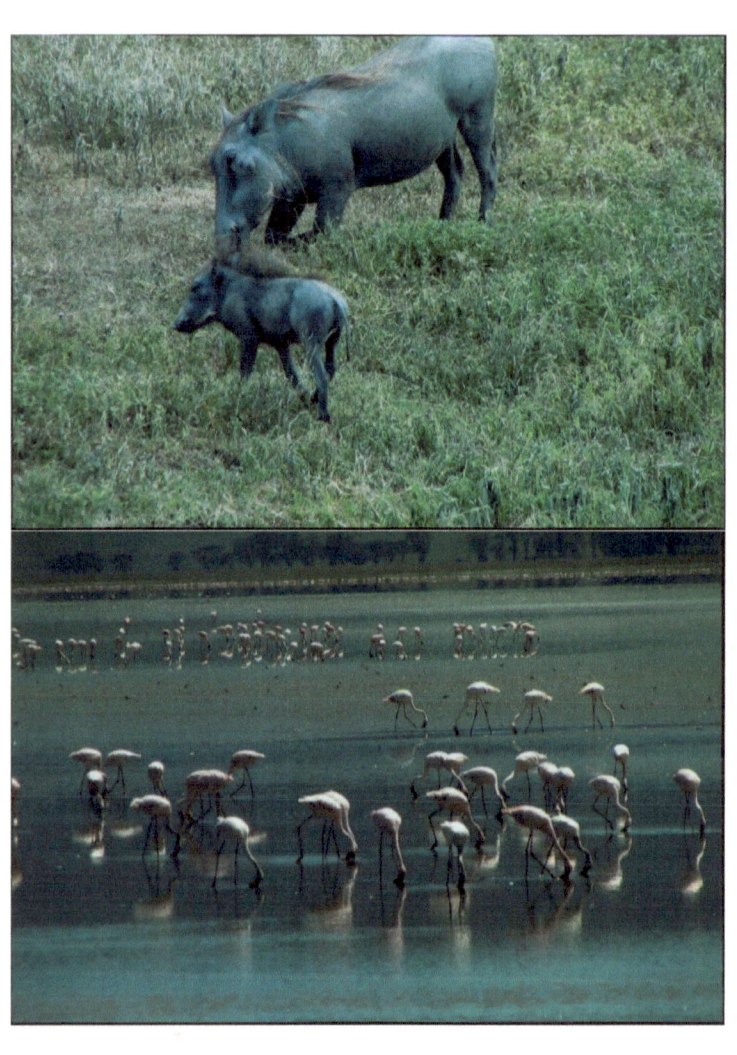

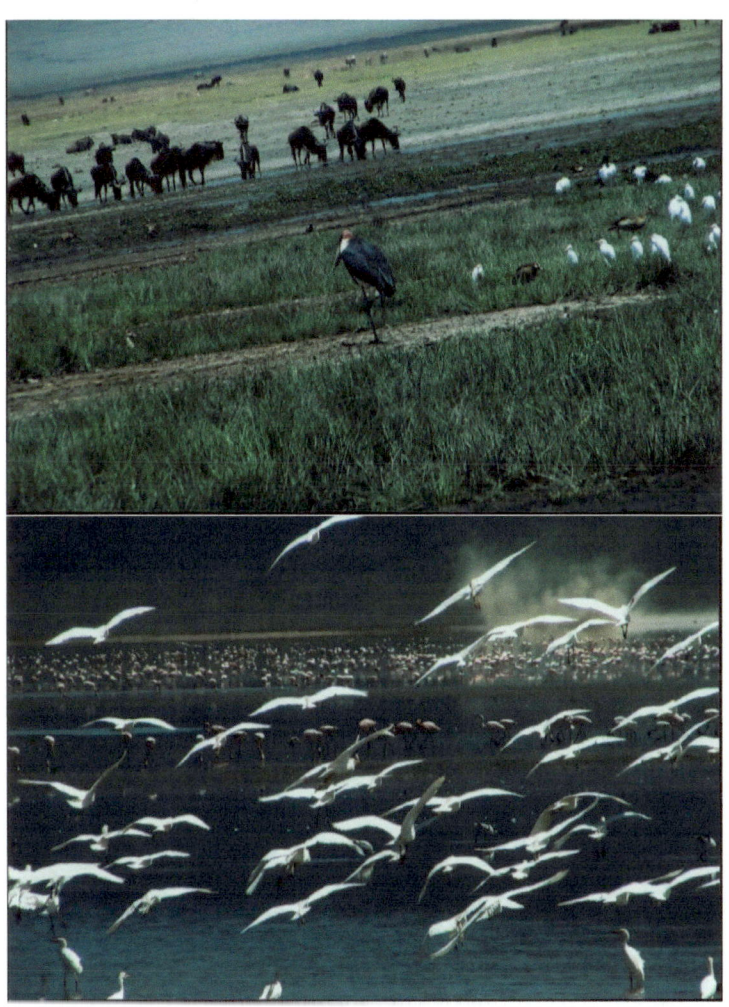

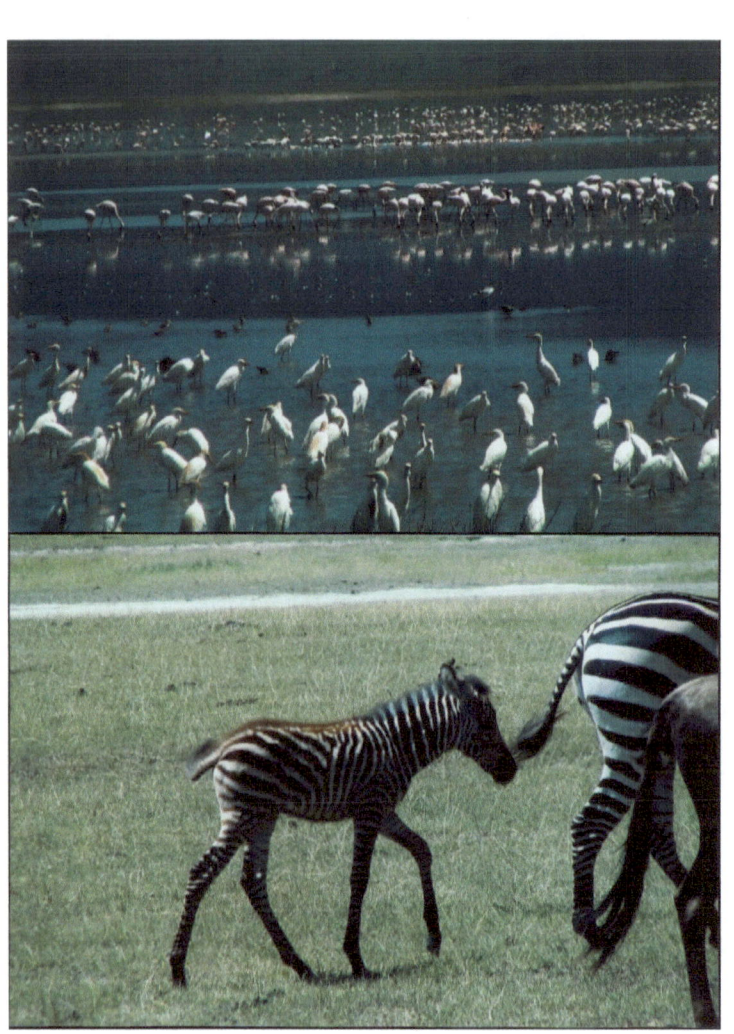

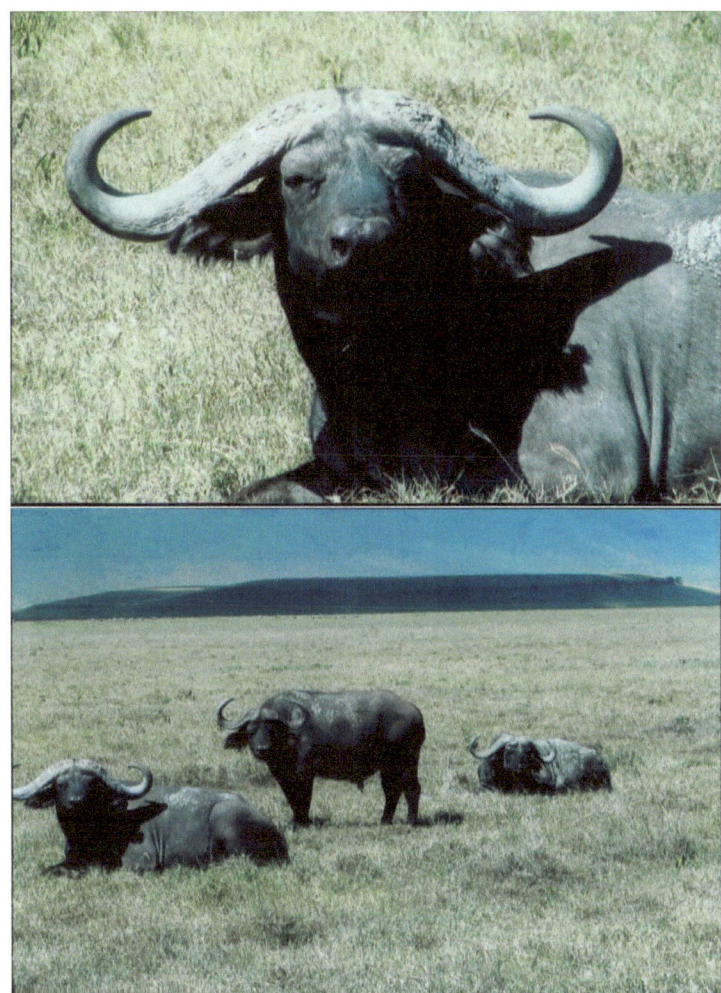

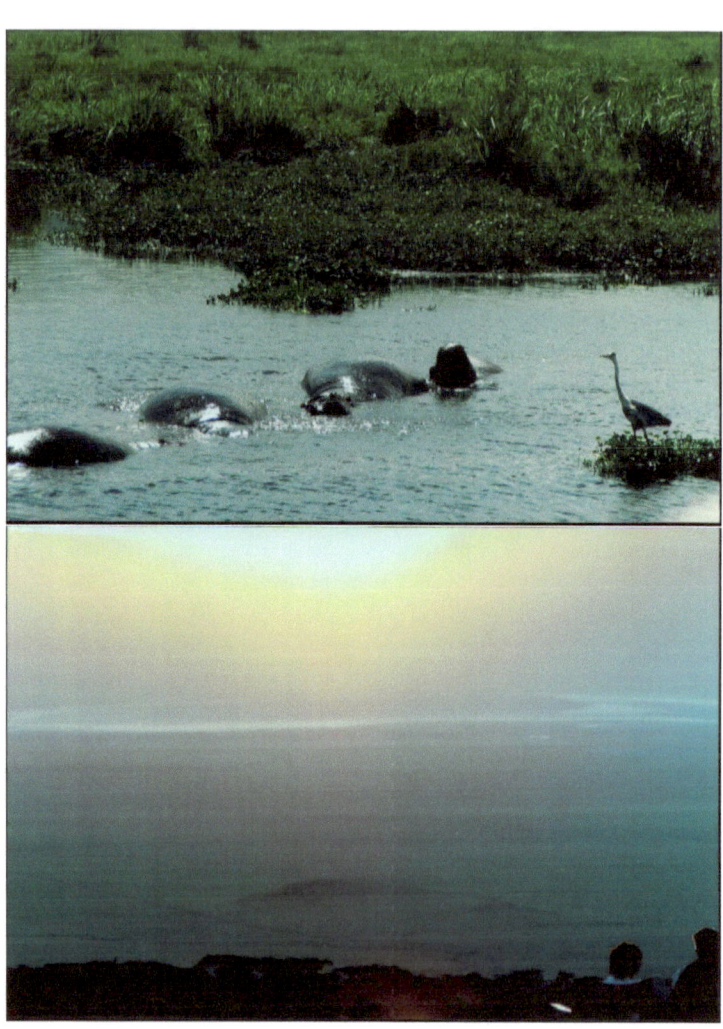

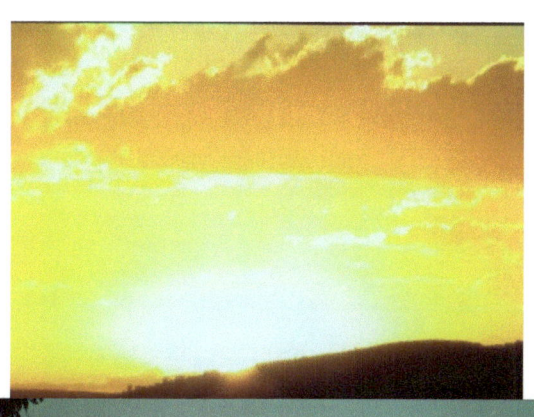

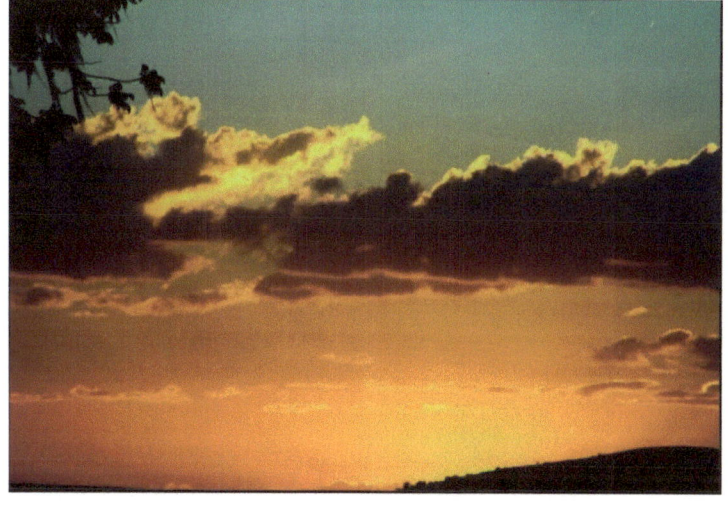

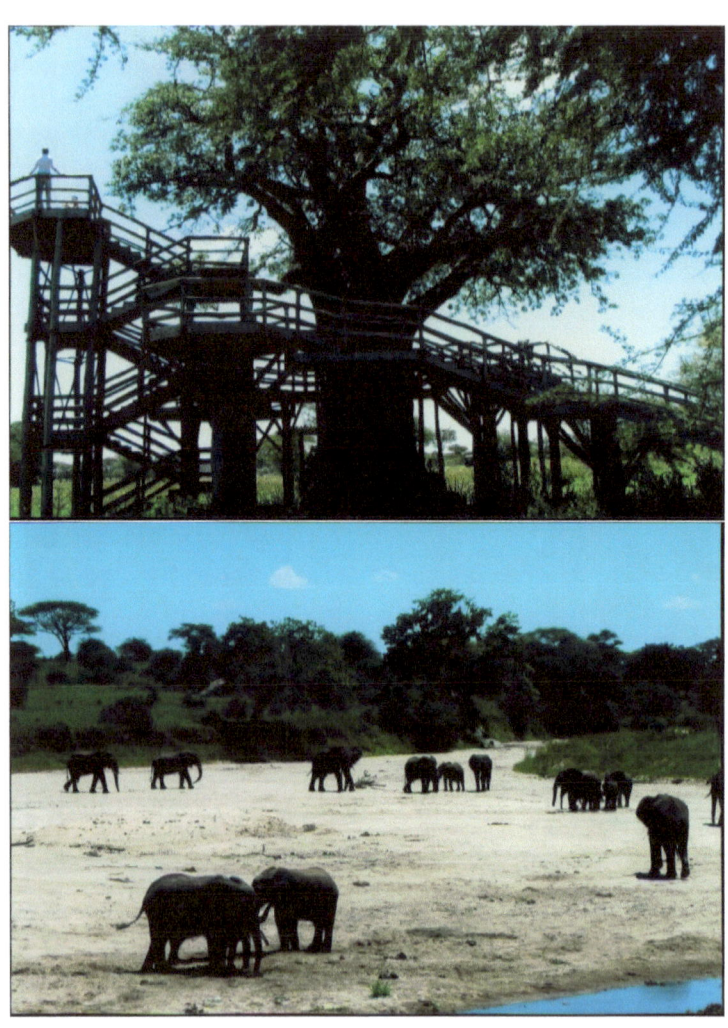

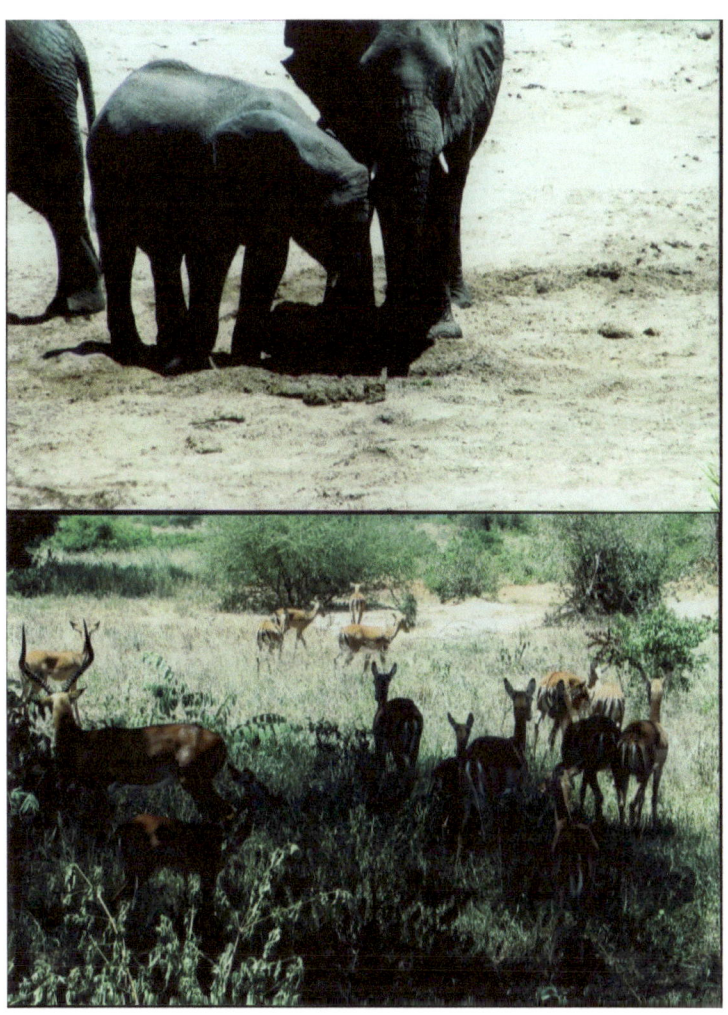

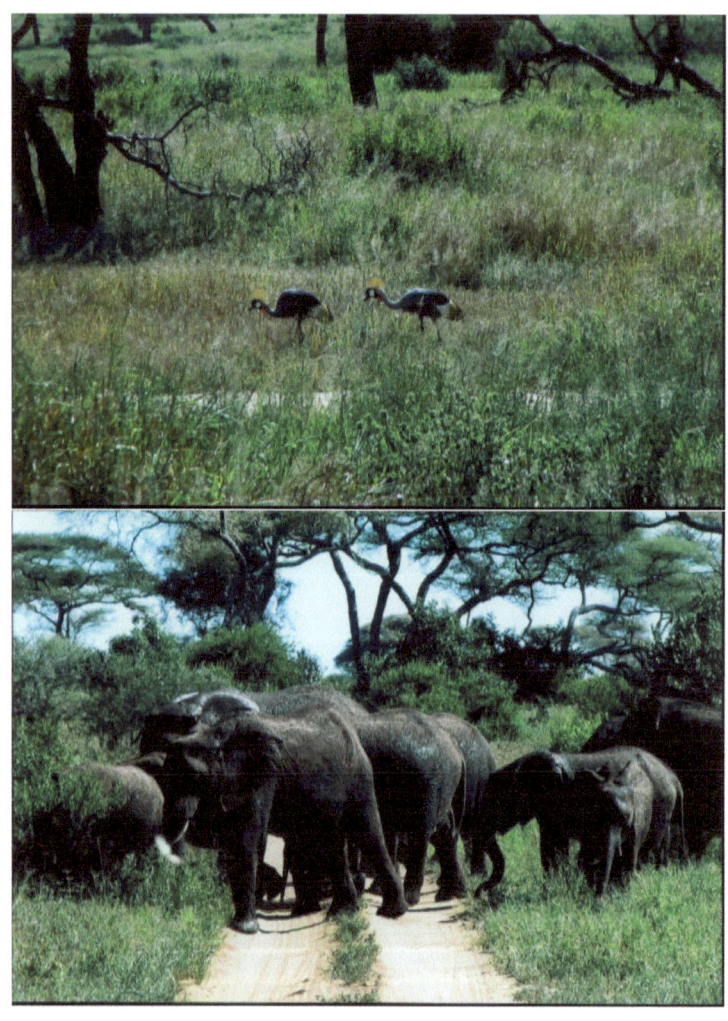

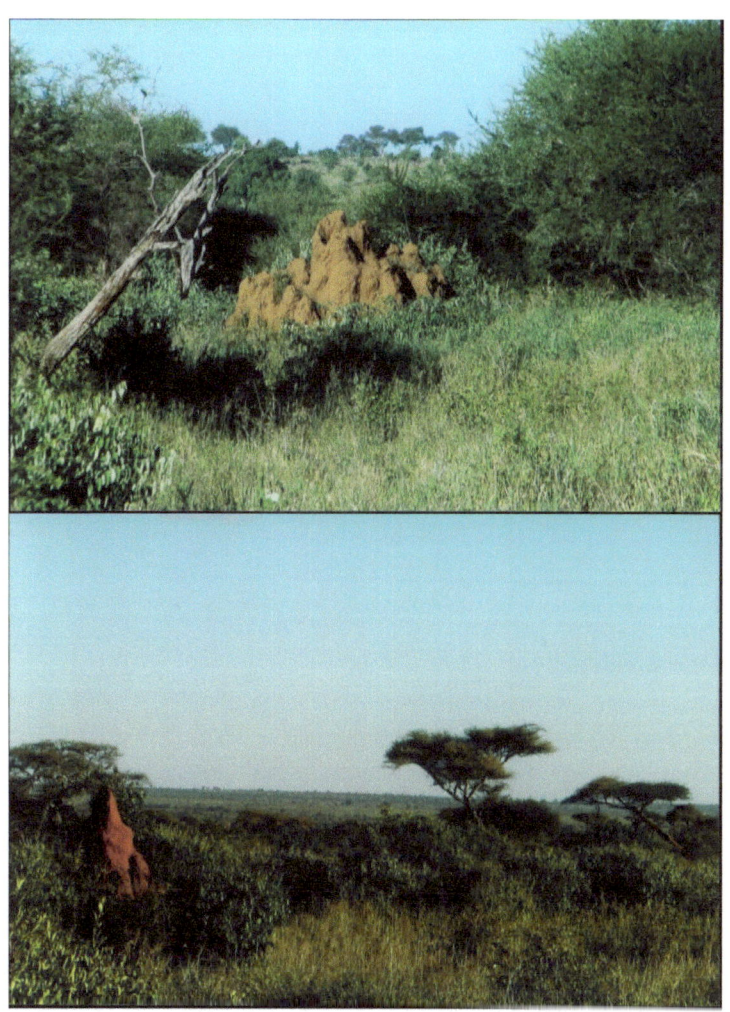

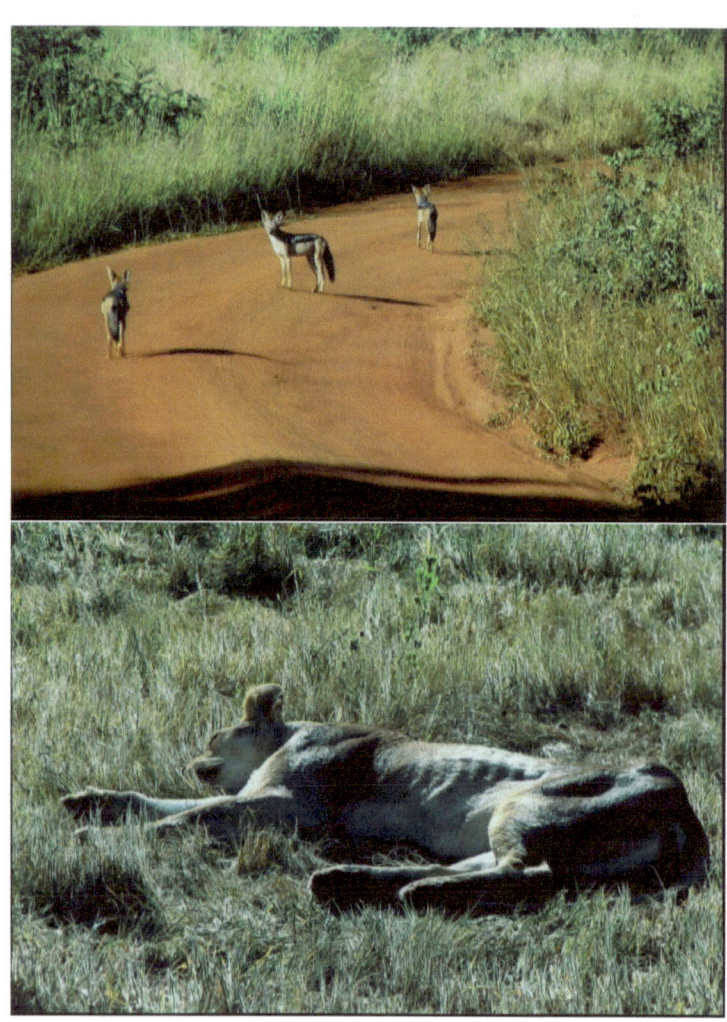

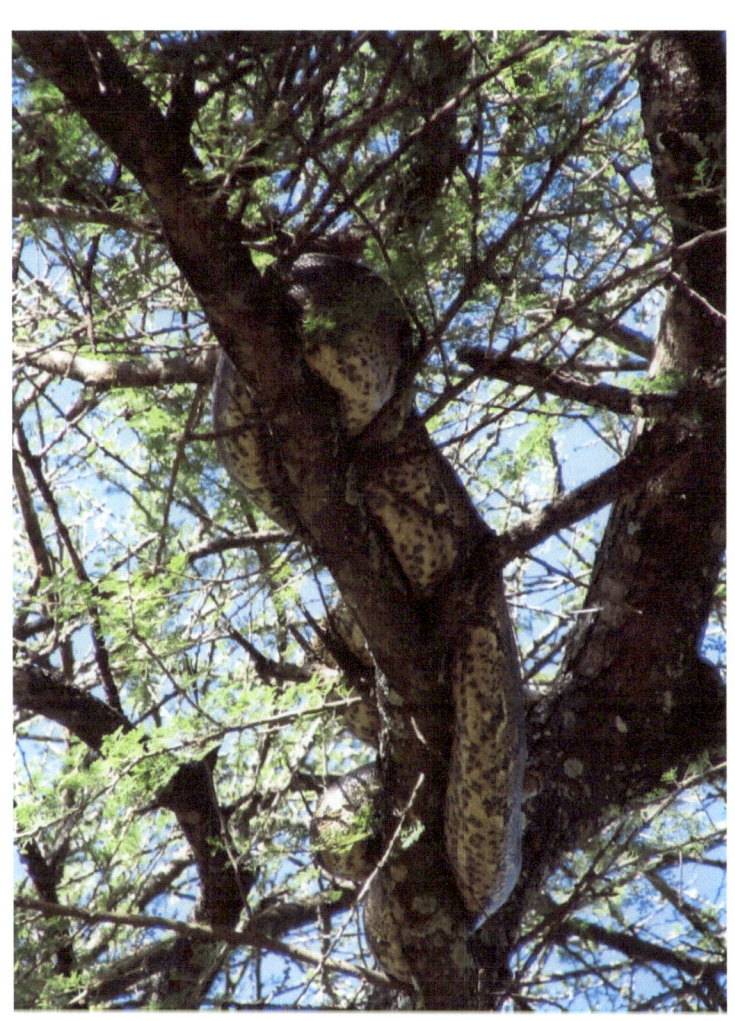

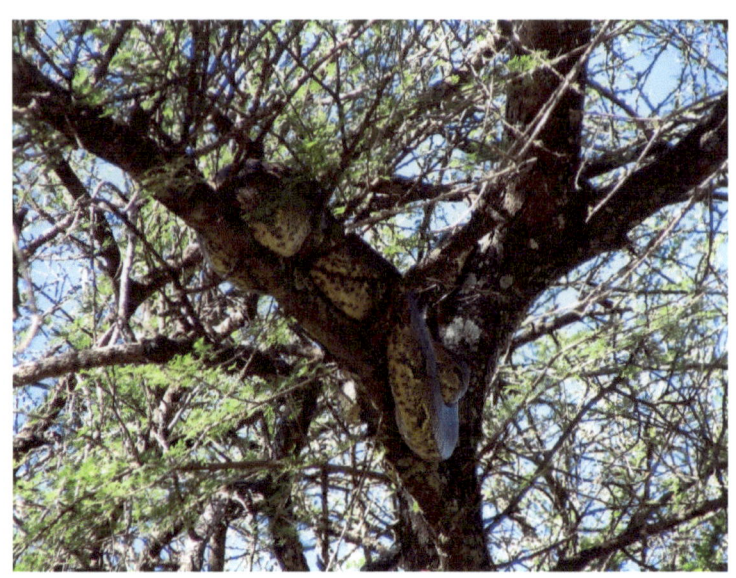

www.ingramcontent.com/pod-product-compliance
Lightning Source LLC
Chambersburg PA
CBHW040850180526
45159CB00001B/379